El Apóstol Guillermo Maldonado es uno de los líderes mas destacados del siglo XXI. Su discernimiento profético sobre fundamentos apostólicos de la iglesia y su pasión y hambre por la manifestación del reino sobrenatural de Dios en la tierra en los tiempos modernos son contagiosos. Sus libros están llamados a convertirse en clásicos en los próximos años.

—**Dr. Myles Munroe**
Presidente y fundador de Bahamas Faith Ministries International

El Pastor Maldonado tiene un ministerio mundial especializado en milagros. Sus libros son útiles, contienen gran conocimiento revelado, y aún más, dan dirección divina. Con frecuencia, miramos las señales externas de un ministerio y admiramos los frutos de éste, pero yo he observado el ministerio del Pastor Maldonado por dentro y por fuera, y me gustan ambos frutos.

—**Marilyn Hickey**
Presidenta de Marilyn Hickey Ministries, Englewood, Colorado

El Pastor Guillermo Maldonado es un líder dinámico de un ministerio vibrante. Considero que Dios lo ha levantado en este tiempo para llegar no sólo al pueblo hispano en los Estados Unidos, sino a todas las naciones alrededor del mundo.

—**Dr. Mark Rutland**
Presidente de la Universidad Oral Roberts, Tulsa, Oklahoma

Guillermo Maldonado es uno de los más eminentes líderes apostólicos del planeta. Es un influyente de influyentes, un orador brillante, un maestro por excelencia, un pastor amoroso y un escritor prolífico. Lo que él invierte en la vida suya no puede ser subestimado.

—**Mark J. Chironna, Ph.D.**
Obispo de The Master's Touch International Church,
Orlando, Florida

El corazón del Pastor Maldonado por la gente, al igual que el de su familia, y su completa devoción para anunciar la presencia y el poder de Dios en todo tiempo, son completamente puros y firmes.

—**Darlene Zschech**
Adoradora

El Pastor Maldonado es un hombre con quien he compartido mi trayectoria y reconoce el impacto que Jesucristo tiene en la vida de individuos como yo. Él entiende que sin importar cómo se mida el éxito, los verdaderos logros no se pueden alcanzar sin fe ni devoción a la vida cristiana. Si usted está buscando quien lo ayude a llenar su vacío espiritual, el Pastor Maldonado es el hombre que puede ayudarle. Me siento orgulloso de llamarlo amigo.

—Rick Scott
Gobernador del Estado de Florida, EE.UU.

El Apóstol Guillermo Maldonado es un líder con gran visión y fe. Hay un gran despertar viniendo a las naciones de la tierra con señales, maravillas y milagros, y el Apóstol Maldonado está a la vanguardia de esto. Es un gran honor llamarlo mi amigo.

—Cindy Jacobs
Profeta y co-fundadora de Generals International,
Dallas, Texas

Cuando usted se sienta bajo el manto del Apóstol Guillermo Maldonado, usted recibe sanidad, una palabra del Señor y ánimo. Como autor, él sumerge a sus lectores en la esencia de lo que significa el ministerio del escriba, pero sobre todas las cosas, él los lleva por medio de la tinta, a la presencia de Dios.

—Apóstol Kimberly Daniels
Fundadora de Kimberly Daniels Ministries International,
Jacksonville, Florida

El Pastor Guillermo Maldonado es el líder más dinámico que jamás he conocido. En su ministerio destaca el poder, la madurez espiritual y la integridad. Siempre me ha impresionado cómo él puede hacer todas las cosas con tanta excelencia.

—Steven Strang
Fundador y editor de la revista *Charisma*

El Pastor Maldonado es verdaderamente un líder espiritual inspirador. Es un ejemplo de lo que se puede conseguir con profunda fe, arduo trabajo y dedicación. Me siento honrado por su amistad y guía, e inspirado por su liderazgo y buena disposición para poner siempre a los demás antes que él.

—Mario Diaz-Balart
Representante ante el Congreso de EE.UU. por la Florida,
Distrito 21

El Pastor Maldonado es un extraordinario hombre de fe e integridad. Es un verdadero ejemplo de cómo se cuida el bienestar de la comunidad. Estoy orgulloso de llamar al Pastor Maldonado no sólo un cercano consejero sino también un amigo.

—*David Rivera*
Representante ante el Congreso de EE.UU. por la Florida, Distrito 25

El Apóstol Guillermo Maldonado está dejando un legado a aquellos que quieren aprender más acerca de cómo vivir un continuo avivamiento. En *Cómo Caminar en el Poder Sobrenatural de Dios*, el se esfuerza por colocar el poder de Dios para obrar milagros, al alcance de todos.

—*Cash Luna*
Pastor de Casa de Dios, Ciudad de Guatemala, Guatemala

Las enseñanzas y escritos del Apóstol Guillermo Maldonado, cubren los fundamentos de la fe cristiana y traen verdadera restauración.

—*Bill Hamon*
Fundador y obispo de Christian International Ministries Network

El Pastor Guillermo Maldonado se levanta como una de las voces líderes del reino de Dios y como insigne precursor de un movimiento bíblico apostólico y profético, el cual es seguido por señales, maravillas y milagros.

—*Reverendo Samuel Rodríguez*
Presidente de National Hispanic Christian Leadership Conference

El hecho más convincente en la vida del Apóstol Maldonado es que él ha tomado literalmente las palabras de Jesús: *"Por tanto, id, y haced discípulos a todas las naciones"* (Mateo 28:19). Si su deseo es hacer discípulos, lo animo a que abrace las enseñanzas del Pastor Maldonado.

—*Rich Wilkerson*
Pastor de Trinity Church, Miami, Florida

El Apóstol Maldonado ha hecho contribuciones significativas al reino de Dios, cambiando el clima espiritual con sus ponderosas enseñanzas, las cuales han transformado miles de vidas en EE.UU y el extranjero. Como líder, tiene habilidades y dones de calibre extremadamente alto.

—*Tudor Bismark*
Obispo de New Life Covenant Church, Harare, Zimbabwe

En el Apóstol Guillermo Maldonado, el Señor ha encontrado un hombre conforme a Su corazón, quien se dedica a hacer la voluntad de Dios. Es un padre apostólico y pionero, que muestra el poder de Dios a una generación que desesperadamente lo necesita. Su deseo por la presencia de Dios, su compasión por los enfermos y los perdidos, y su pasión por la gloria de Dios, marcan su vida.

—Hank Kunneman
Pastor de Lord of Hosts Church/One Voice Ministries,
Omaha, Nebraska

Con sus palabras y su ejemplo, mi querido amigo Guillermo Maldonado ha tocado las almas y revivido la fe de muchos hombres y mujeres alrededor del mundo. Él es una fuente de inspiración para aquellos que caminan en el camino de nuestro Señor y una mano transformadora para aquellos que están cerca del Creador.

—Elías Antonio Saca González
Presidente (2004–2009), El Salvador

El Pastor Guillermo Maldonado es un pastor destacado, un sembrador de Iglesias, un visionario y un mentor para líderes de otras iglesias. Desde el púlpito o con su poderosa pluma, el Pastor Maldonado es un verdadero líder cristiano exitoso, gracias a los dones naturales y espirituales que posee.

—Marcus Lamb
Presidente y CEO de Daystar Television Network

Guillermo Maldonado es un hombre humilde con una fe grande como la de un niño. A través de su ministerio, Dios ha realizado muchos milagros extraordinarios. Es un pastor amado por su pueblo, un excelente esposo y padre de familia, y un dedicado padre espiritual para su congregación.

—Apóstol Alan Vincent
Co-fundador de Outpouring Ministries, San Antonio, Texas

El Apóstol Maldonado es punta de lanza en la reforma apostólica y profética que Dios está estableciendo en este tiempo. Con valor y fe, ha destruido el espíritu de conformidad que había mantenido a muchos ministerios estancados. Él presenta la iglesia de hoy con grandes retos para avanzar y establecer el reino de Dios con gloria y poder.

—Apóstol Wanda Rolón
La Primera Iglesia Cristiana La Senda Antigua, Toa Alta,
Puerto Rico

El Apóstol Guillermo Maldonado es un compatriota hondureño, que posee muchos dones, quien fielmente nos representa, con su liderazgo inspirador a creyentes y no creyentes. Ojalá que sus obras siempre sean apreciadas y alcancen a los lectores que desean aprender y multiplicar el mensaje, con miras a crear un mundo más humano, más cristiano y más habitable.

—*Dr. Evelio Reyes*
Pastor de la iglesia Cristiana Vida Abundante,
Tegucigalpa, Honduras

Pastor, maestro, predicador, apóstol, autor, compositor, embajador, estadista y amigo; éste es Guillermo Maldonado. El ministerio y mensaje de este dinámico edificador del reino están cambiando el mundo en que vivimos, por medio de impactar miles de vidas cada año. Si usted lee sus palabras cuidadosamente, ¡lo cambiarán a usted también!

—*Paul Wilbur*
Músico, Integrity Music

El corazón del ministerio del Apóstol Maldonado es ver que la gente sea salvada, afirmada, entrenada y discipulada, con el fin de enviarla a evangelizar y equipar al cuerpo de Cristo. En mis más de cuarenta años de ministerio y servicio al Señor Jesucristo, puedo afirmar que el Apóstol Maldonado es la manifestación visual de la parábola de la semilla de mostaza, que creció hasta hacerse un gran árbol.

—*Dr. Ronald E. Short*
Fundador de Ronald Short Ministry

Yo llamo al Apóstol Guillermo Maldonado mi amigo y un hombre por quien tengo un gran respeto. En su ministerio, veo a Jesús en el ahora, y el gobierno de Dios es demostrado en todo lo que dice y hace.

—*Dr. Renny McLean*
Global Glory Ministries, Dallas, Texas

El Apóstol Guillermo Maldonado está al filo cortante del ministerio y sus libros bendicen al cuerpo de Cristo. Él tiene gran hambre por ver las almas de hombres y mujeres salvadas por el poder de Dios.

—*Apóstol R. J. Washington*
Pastor de Titus Harvest Dome Spectrum Church,
Jacksonville, Florida

Guillermo Maldonado es un hombre que Dios ha levantado para manifestar Su gloria y el poder sobrenatural del cielo en la tierra. Es un maestro, pero también profeta, evangelista, pastor y apóstol. Es normal oírlo predicar y luego ver un fluir de milagros creativos teniendo lugar, milagros creativos que impactan las mentes de los incrédulos.

—Apóstol Eduardo Cañas Estrada
Pastor de la iglesia Comunidad Cristiana Manantial de Vida Eterna,
Bogotá, Colombia

En *Cómo Caminar en el Poder Sobrenatural de Dios*, los lectores encontrarán una fuente de enriquecimiento espiritual y una invitación a conocer, en palabras del autor, a un "Dios sobrenatural y todopoderoso, que aún hace milagros". Esto expresa lo que siempre he creído: los cristianos son solidaridad, no lucha de clases; son amor, no odio; son unidad, no rechazo y un ejemplo de moral y ética porque practican como predican y predican como viven.

—Alvaro Uribe Vélez
Ex Presidente (2002–2010), Colombia

CÓMO CAMINAR EN EL
PODER
Sobrenatural
de DIOS

GUILLERMO MALDONADO

WHITAKER
HOUSE

A menos que se indique lo contrario, todas las citas bíblicas han sido tomadas de la versión *Santa Biblia, Reina-Valera 1960* © 1960 Sociedades Bíblicas en América Latina; © renovado 1988 Sociedades Bíblicas Unidas. Usado con permiso. Las citas bíblicas marcadas (NVI) son tomadas de la *Santa Biblia, Nueva Versión Internacional* NVI® © 1999 por la Sociedad Bíblica Internacional. Usadas con permiso. Todos los derechos reservados.

CÓMO CAMINAR EN EL PODER SOBRENATURAL DE DIOS
Experimente hoy señales, maravillas y milagros

Guillermo Maldonado
13651 S.W. 143rd Ct., #101
Miami, FL 33186
www.ERJPub.org

ISBN: 978-1-60374-279-5
Impreso en los Estados Unidos de América
© 2011 por Guillermo Maldonado

Whitaker House
1030 Hunt Valley Circle
New Kensington, PA 15068
www.whitakerhouse.com

Para comentarios sobre este libro o para información acerca de otros libros publicados por Whitaker House, favor de escribir via Internet a: publisher@whitakerhouse.com.

1 2 3 4 5 6 7 8 9 10 11 ⊔⊔ 17 16 15 14 13 12 11

Reconocimientos

Deseo tomar esta oportunidad para agradecer y honrar a un sinnúmero de hombres y mujeres que han sido de gran bendición para mí, tanto en el pasado como en el presente. Ellos han contribuido de alguna manera a inspirarme en el ministerio, desatando sobre mí palabra profética y orando de continuo. Algunos de ellos han sido para mí padres en la fe, otros han sido mentores en algún área específica de mi vida y mi ministerio. Otros más han sido mis amigos personales, como sucedió con Pablo y Bernabé. Aún otros son hoy mis hijos espirituales, como lo fue Timoteo para Pablo. En todo tiempo, ellos me han apoyado y siempre han estado a mi lado.

La Palabra nos enseña a honrar a los que honra merecen y de esta manera deseo reconocer el aporte de cada uno de ellos.

La medida de fe que Dios les ha dado, me ha ayudado, me ha levantado y me ha enriquecido. Ha servido para impulsarme a buscar territorios más profundos en Dios y mayor crecimiento de Su gloria, unción y poder. Ellos han sido un ejemplo y me han inspirado en estas dos décadas de ministerio. Cuando el ministerio más lo necesitaba me dieron una palabra profética. En momentos de dificultad vinieron y me sirvieron, al igual que a mi familia. Esto tocó tanto mi corazón, que hoy tomo esta oportunidad para agradecerles públicamente. Todos han sido de bendición; unos en lo personal, otros desde el pulpito. He aprendido de su ejemplo, de sus vidas personales y de su integridad. Muchos compartieron conmigo importantes revelaciones, las cuales me han inspirado y ayudado a escribir este libro.

Primeramente doy gracias de todo corazón a mi amada esposa, Ana, por su continuo soporte en oración; a mis hijos Bryan y Ronald por su apoyo incondicional. A la Profeta Cindy Jacobs, al Apóstol Ronald Short y al Apóstol Alan Vincent. A mi padre espiritual, Obispo Bill Hamon y a su hijos, el Apóstol y Profeta Jen y Tom Hamon. Al Profeta Hank Kunneman, quien siempre ha desatado palabras proféticas específicas y por ser un gran amigo y profeta. A la Profeta Cathy Lechener, quien siempre ha traído una palabra de Dios específica para cada tiempo de este ministerio. A la Apóstol Kim Daniels. A mi amigo, el Apóstol Cash Luna, quien ha sido de gran bendición, tanto en la visión como en el mover del Espíritu Santo. A la Dra. Marilyn Hickey, al Apóstol John Eckhardt, al Pastor Charles Green, Richard Roberts, R. J. Washington, al Profeta Kim Clement, Tommy Tenney, Myles Munroe, Rodney Howard Browne, al Pastor Benny Hinn, al Evangelista Roy Durman, al Dr. Renny McLean, quien compartió conmigo la gran revelación de lo sobrenatural y me ha ayudado e inspirado, de alguna forma, a escribir este libro. También deseo agradecer a los pastores, maestros, evangelistas, profetas y ministros de El Rey Jesús, mis hijos espirituales, por su apoyo. La mayoría de ellos ha permanecido conmigo desde el comienzo del ministerio. Mi profunda gratitud a cada uno de ustedes. Los honro y los bendigo porque han sido una permanente fuente de inspiración para mí. Muchas gracias.

—*Apóstol Guillermo Maldonado*

Contenido

1

La revelación de un Dios sobrenatural

Cuando observamos lo que a diario acontece en el mundo, podemos darnos cuenta que todas las profecías bíblicas están cumpliéndose al pie de la letra. Los terremotos suceden con mayor frecuencia, el número de huracanes, tifones y tsunamis aumenta cada año, la maldad se extiende en la sociedad, la rebelión crece cada día, las guerras y rumores de guerra se acrecientan, el hambre es mayor en muchos países, la crisis financiera sacude al mundo entero; el engaño, la mentira, la inseguridad y el miedo aumentan. La gente busca desesperadamente la respuesta a estos problemas sin hallarla. Ni el sistema ni los gobiernos ni los líderes de las naciones, tampoco el sistema religioso, ofrecen soluciones válidas. Lamentablemente, la religión le ha presentado al mundo un Dios histórico, un "anciano de días" que está sentado en su trono esperando que el mundo falle para castigarlo, un Dios falto de experiencia sobrenatural y sin relación alguna con el hombre. Felizmente, este dios intelectual no es el Dios real y vivo de la Escritura.

El propósito fundamental de este libro es darle las respuestas que usted necesita para llevarlo a vivir una vida de victoria, de paz y de gozo, aún en medio de este mundo que a diario parece sumergirse más en las tinieblas. Aquí se encontrará con un Dios todopoderoso y sobrenatural; un Dios que obra milagros tal como los hacía en la antigüedad, un Dios que odia el pecado del mundo pero ama al pecador. El Dios que aparece en este libro es aquel que manifestó su infinito amor enviando a Su unigénito Hijo, Jesucristo, a la tierra, como señal de que nos sigue amando. El Dios del que le hablo, es el mismo que hizo sanidades, milagros, señales y maravillas en el Antiguo Testamento, el mismo que siguió haciéndolos a través de la iglesia primitiva en el tiempo de los apóstoles; ese mismo Dios, hoy en día sigue haciendo milagros a través de Su iglesia; y esa iglesia la formamos todos los que hemos creído en Él, a quienes nos ha dado poder sobrenatural para vivir una vida de victoria. Sin el ingrediente del poder sobrenatural es imposible vencer las dificultades, enfermedades y circunstancias que se levantan en nuestra contra.

Hambre por lo sobrenatural

Allá afuera hay una generación llena de interrogantes sin contestar; ellos están sedientos y hambrientos de Dios. Su hambre no ha sido saciada porque la religión no les ofrece respuestas válidas. Ellos anhelan tener una relación real con el Dios vivo y quieren ser usados por Él para manifestar Su poder sobrenatural sobre la tierra.

Siendo honestos con nosotros mismos, debemos admitir que el mundo busca respuestas a estas preguntas:

- ¿Sigue Dios haciendo milagros hoy en día?
- ¿Qué desata la vida de milagros en nosotros?
- ¿Puede considerarse el cristianismo algo relevante cuando opera sin manifestar milagros?
- ¿Qué hace que la vida cristiana sea más que una religión o una filosofía?
- ¿Necesitamos los milagros bíblicos en este tiempo?
- ¿Qué hace creíble a un creyente?
- ¿Qué pruebas podemos ofrecerle a la gente de que Cristo vive y no es sólo el líder de otra religión más?
- ¿Pueden los rituales, normas o reglas cambiar a la gente?

- ¿A través de quién Dios hace milagros?
- ¿Puede cualquier persona recibir un milagro?

Todas estas preguntas serán contestadas a medida que lea este libro. Conocerá un Dios sobrenatural y todopoderoso que aún hace milagros. Comprenderá la obra completa de Jesús en la cruz, y cómo allí proveyó para que cada necesidad nuestra fuese suplida. Descubrirá que la única fuente sobrenatural es la cruz. Aprenderá a vivir una vida de fe en medio de un mundo difícil y lleno de inseguridades. Entenderá cómo caminar bajo la unción y cómo hacer la transición de la unción a la gloria de Dios. Sabrá también cómo recibir un milagro, y cómo ser usado por Dios para hacer milagros y bendecir a otros. En suma, usted aprenderá a caminar en el poder sobrenatural de Dios.

Mientras lee este libro, usted recibirá sanidad y experimentará milagros creativos. Si le hace falta un órgano en su cuerpo, el Señor lo creará de la misma manera como aparece en los testimonios de otras personas. Además, recibirá milagros financieros y liberación en su mente y emociones. Dios también le impartirá revelación, activación y transformación, para que al final usted sea un hombre escogido por Dios y un instrumento que Él use para manifestar Su poder dondequiera que vaya. Así, podrá testificar de Jesús, orar por los enfermos, echar fuera demonios y ser usado en milagros. Igualmente cumplirá la gran comisión de llevar el evangelio a todo el mundo, hacer discípulos y tomar dominio sobre la faz de la tierra.

Atrévase, venga conmigo a este viaje; en cada capítulo usted tendrá una experiencia sobrenatural que lo cambiará y lo transformará para siempre. Pero sobre todas las cosas, usted conocerá al Dios sobrenatural, poderoso e inmutable, para quien todo es posible.

Cuando contemplamos la grandeza de la creación de Dios, nuestra imaginación finita no alcanza a comprender Su gran poder y amor. El hombre ha intentado conocer a su Creador usando su intelecto pero es imposible, porque a Él sólo se le puede conocer por revelación. Dios nunca ha querido ser un misterio para Su pueblo; en realidad, Su voluntad siempre ha sido que lo conozcamos íntimamente y que experimentemos Sus atributos, fortalezas y virtudes. Para darse a conocer como Dios sobrenatural y todopoderoso nos envió al Espíritu Santo; no hay otro modo que podamos conocerlo. Dios no puede ser definido, pues ninguna persona tiene la habilidad mental para describir lo infinito y eterno. Sin embargo, en este capítulo trataré de dar una descripción simple y sencilla que le ayude a entenderlo en términos humanos.

¿Quién es Dios?

Dios es un ser espiritual, sobrenatural, eterno e inmutable, que tiene atributos y habilidades sobrenaturales. Él vive en la dimensión de la eternidad o ámbito espiritual y se manifiesta de forma visible en la dimensión natural.

> *Porque así dijo el Alto y Sublime, el que habita la eternidad.* (Isaías 57:15)

Dios sólo puede ser conocido por revelación; pero, ¿qué es revelación? En griego, la palabra para "revelación" es *apokalúpto* que significa "remover, quitar el velo, quitar una cobertura para exponer a la vista lo que antes estaba escondido, mostrar algo secreto". Esta expresión se usa particularmente para entender el ámbito espiritual.

Revelación

Revelación es el conocimiento de Dios descubierto a nuestro espíritu, que se recibe por medio de ver, oír y percibir espiritualmente. Esto es lo que en lenguaje místico se llama "percepción espiritual". Revelación es saber algo de repente sin haberlo estudiado o aprendido por los sentidos naturales. Este conocimiento sólo es dado por el Espíritu Santo; por ejemplo, Pedro recibió la revelación de que Jesús era el Mesías porque el Padre se lo reveló por el Espíritu Santo.

> *Porque no te lo reveló carne ni sangre, sino mi Padre que está en los cielos.* (Mateo 16:17)

Recibir revelación de Dios es ver como Él ve,
oír como Él oye y percibir como Él percibe.

Revelación, es saber cosas que de otro modo usted no sabría, es ver los hechos antes que sucedan y percibir las cosas sin haberlas aprendido. Es la mente de Dios descubierta o develada al ser humano para que el hombre pueda ejercer dominio sobre tiempo, espacio y materia.

En la cultura occidental, la formación intelectual ha relegado a un segundo plano la revelación divina, de manera que estamos entrenados para rechazar todo aquello que no tenga sentido lógico o no pueda ser explicado de acuerdo al conocimiento humano.

El ser humano critica todo aquello que no
puede producir o entender.

Cuando no hay revelación divina progresiva las personas se vuelven al conocimiento mental, natural y formal, el cual sólo sirve para desacreditar la fe. El conocimiento natural tiene su lugar en la sociedad, pero es un pobre sustituto para el conocimiento.

¿Quién es la fuente del conocimiento revelado?

La fuente de nuestra revelación es el Espíritu Santo. Él es el único canal de acceso a la sabiduría o conocimiento revelado de Dios. Él oye en el cielo y repite lo que oye a los hombres en la tierra. Fuera del Espíritu Santo no se puede conocer a Dios, por eso vemos que muchos teólogos *saben* que existe un ser superior pero no lo *conocen*. Manejan una información mental adquirida a través del estudio intelectual que surge de la investigación, el razonamiento y los procesos mentales.

¿Cómo lidió el apóstol Pablo con el conocimiento natural?

Sin embargo, hablamos sabiduría entre los que han al-
canzado madurez; y sabiduría, no de este siglo, ni de
los príncipes de este siglo, que perecen. Mas hablamos
sabiduría de Dios en misterio, la sabiduría oculta, la
cual Dios predestinó antes de los siglos para nuestra
gloria. (1 Corintios 2:6–7)

La filosofía es una ciencia que se basa en el amor a la sabiduría captada del entorno natural; por eso, cuando Pablo habla de sabiduría de este mundo, tiene en su mente la prominente filosofía griega, ya que había vivido dos años en Grecia. Sin embargo, mientras se condujo con apego a dicha sabiduría, fracasó en la predicación del evangelio, a tal grado que después de dos años en Atenas no había plantado una sola iglesia. Con esta experiencia en su haber, cuando regresó a la iglesia de Corinto fue enfático al decirles: "No vengo a ustedes con palabras de humana sabiduría sino con el poder de Dios". Pablo, entonces, entendió que la sabiduría y la filosofía humana eran incapaces de producir el poder sobrenatural requerido para predicar el evangelio o para manifestar el poder de Dios.

La sabiduría de Dios

De la cual fui hecho ministro, según la administración
de Dios que me fue dada para con vosotros, para que
anuncie cumplidamente la palabra de Dios, el miste-
rio que había estado oculto desde los siglos y edades,
pero que ahora ha sido manifestado a sus santos, a
quienes Dios quiso dar a conocer las riquezas de la
gloria de este misterio entre los gentiles; que es Cristo
en vosotros. (Colosenses 1:25–27)

¿Por qué buscar revelación en el mundo, cuando todos los tesoros de la sabiduría están profundamente contenidos en Cristo?

La sabiduría de nuestro Señor Jesucristo es para compartir Sus secretos a través de la cruz.

Cosas que ojo no vio, ni oído oyó, ni han subido en corazón de hombre, son las que Dios ha preparado para los que le aman. (1 Corintios 2:9)

Los sentidos naturales no pueden recibir esta sabiduría o conocimiento revelado de Dios. Aun la especulación intelectualista está excluida. Sin embargo, los misterios ya han sido revelados por el Espíritu Santo.

Pero Dios nos las reveló a nosotros por el Espíritu; porque el Espíritu todo lo escudriña, aun lo profundo de Dios.... Porque ¿quién de los hombres sabe las cosas del homre, sino el espíritu del hombre que está en él? Así tampoco nadie conoció las cosas de Dios, sino el Espíritu de Dios. (1 Corintios 2:10–11)

Esta es una verdad inmutable. La mente humana no siempre conoce todo lo que hay en el hombre; esto sólo puede ser conocido por el espíritu del hombre. Asimismo la única fuente que puede revelar a Dios es el Espíritu de Dios, administrador de la gracia de Jesús en la tierra. Es sorprendente ver cristianos usando la filosofía, psicología y psiquiatría para encontrar soluciones a sus problemas. Muchas de esas fuentes tienen la real intención de ayudar a la gente, pero carecen del poder para cambiar al ser humano y transformarlo. Por lo tanto, no tiene valor alguno usar términos bíblicos aplicando métodos mundanos.

La verdad de la Biblia sólo se puede expresar apropiadamente usando el lenguaje de la Biblia.

Cuatro verdades que sólo se pueden conocer por revelación:

- La naturaleza de Dios
- La naturaleza del hombre
- El origen del hombre
- El origen de la vida

No hay medios científicos, psiquiátricos, psicológicos, naturales o filosóficos que descubran esas verdades. Si no aceptamos el concepto de revelación divina, nunca vamos a entender completamente estas verdades y permaneceremos viviendo en confusión y mentira. Los científicos y estudiosos sólo usan los procesos mentales y la recolección sistemática de información que ingresa por los sentidos naturales. Dentro de un ambiente tan limitado, no tienen más remedio que negar a Dios, porque el conocimiento que manejan no lo admite; es más, ni siquiera saben de dónde procede el conocimiento. Creen que la materia se creó sola. El conocimiento sensorial es su única fuente de sabiduría; pero esa fuente no puede explicar el origen de la creación, ni el principio de la materia, ni ofrece respuestas válidas a los grandes "por qué" de la humanidad. Los científicos han desarrollado diversas teorías sobre el origen de la vida y la naturaleza de Dios. Ellos han escrito enormes y cuantiosos volúmenes al respecto, pero todos giran alrededor de la misma fuente llena de restricciones, que es abastecida por los sentidos, el razonamiento y las limitaciones de un ser que no reconoce a su Creador. La educación formal ha contribuido a destruir la fe de millones de jóvenes que fueron reclutados y entrenados para reconocer y aceptar sólo aquello que pueden ver, oír, sentir, descifrar y explicar con sus sentidos físicos e intelecto.

La única manera de conocer a Dios y relacionarnos con Su ámbito sobrenatural e invisible, es la fe.

Muchos teólogos y filósofos especulan acerca de la naturaleza de Dios. Intentan entenderlo usando sus análisis lógicos, pero fracasan. Platón quiso analizar a Dios y terminó deduciendo que no existía. Aristóteles también concluyó que Dios no era real. Muchos otros científicos y teólogos han razonado lo mismo, porque no han entendido que a Dios sólo se le puede conocer por fe y por revelación. ¿Quién inicia la revelación de Dios al ser humano? Siempre es Dios quien escoge revelársenos y Él es el único que ha provisto la forma de hacerlo; por tanto, tenemos que depender sólo de Él. Si Dios no quisiera revelarse a Sí mismo, nosotros nunca lo conoceríamos.

Dios no se puede revelar a quienes no desean conocerlo ni quieren tener una relación con Él. Por eso Jesús escondió los misterios del reino a los religiosos de Su tiempo y dijo: *"No...echéis vuestras perlas delante de los cerdos"* (Mateo 7:6). Jesús hablaba en parábolas, precisamente para mantener ocultos los misterios a aquellos que no querían conocer verdaderamente a Dios o que sólo ansiaban conocimiento para discutir, no para vivirlo.

La revelación de Dios viene de acuerdo con:

- El tiempo de Dios
- La voluntad de Dios

Hoy en día hay un sinnúmero de creyentes, líderes y hombres de Dios que no saben lo que Él está diciendo y haciendo en sus vidas personales, en el cuerpo de Cristo o en el mundo, porque no tienen revelación. Dios dijo que en estos tiempos el conocimiento aumentaría (vea Daniel 12:3–4), porque su voluntad es llenar la tierra de Su gloria (vea Números 14:21). Estamos viviendo los tiempos finales, donde la manifestación de Su gloria será vista en todo lugar.

El conocimiento revelado está ligado a la venida de Cristo.

Su fe será más fuerte en el área que usted tenga más conocimiento revelado de Dios; de la misma forma, su fe será débil donde tenga menos revelación.

Donde no hay conocimiento o revelación de Dios el enemigo levanta una fortaleza.

¿Cuáles son los dos ámbitos que existen?

- El natural

- El sobrenatural

¿Qué es lo natural? Lo natural es el ámbito o dimensión que opera bajo las leyes del tiempo, el espacio y la materia; ahí se accede a través de los sentidos.

¿Qué es lo sobrenatural? Lo sobrenatural es la dimensión que está por encima de las leyes naturales. Es el ámbito espiritual —permanente, invisible y eterno—, que se ubica fuera del tiempo. Éste ejerce dominio sobre la esfera natural. Al ámbito espiritual sólo se accede por fe.

> *No mirando nosotros las cosas que se ven, sino las que no se ven; pues las cosas que se ven son temporales, pero las que no se ven son eternas.* (2 Corintios 4:18)

Durante un servicio sobrenatural en nuestra iglesia ocurren milagros, sanidades, salvaciones y transformaciones. También ocurren manifestaciones del Espíritu Santo, incluyendo señales, maravillas, cancelación repentina de deudas, milagros financieros, liberación de demonios y mucho más.

Ahora, conozcamos al Dios invisible, eterno y omnipotente en el área de su poder sobrenatural. Veamos lo que ocurre en un servicio de Sanidad y Milagros en nuestra iglesia. Para muchos de los enfermos que asisten, ésta es su última oportunidad; la ciencia ha llegado a su límite y no puede darle solución a sus problemas. Vienen con el deseo de experimentar el poder sobrenatural de Dios. Ese día, mientras oraba en casa, Dios me había hablado en forma muy específica que iba a sanar a las personas ciegas. Así que, cuando el Señor me lo ordenó, las llamé al altar. Entre el grupo que Dios sanó, estaba una señora que nació ciega de su ojo izquierdo. Los médicos habían diagnosticado que su mal era incurable y le dijeron que debía resignarse a ver sólo con el ojo derecho; que incluso una operación láser no podría devolverle la visión. Cuando oré y declaré la palabra de Dios, ella comenzó a sentir un calor intenso por dentro. El Espíritu Santo trajo a su memoria el versículo que dice, *"El reino de los cielos sufre violencia, y los violentos lo arrebatan"* (Mateo 11:12), así que se apoderó de su sanidad, la deseó con todas sus fuerzas, le creyó a Dios y arrebató su sanidad. Grande fue su sorpresa cuando le pedí a la congregación que, en un acto de fe, hicieran lo que antes no podían hacer; entonces ella empezó a enfocar la visión con el ojo izquierdo y para su sorpresa ¡comenzó a ver! Primero eran figuras borrosas, luego se fueron aclarando y aclarando, hasta hacerse perfectamente visibles. ¡Dios la había sanado! ¡Le había puesto un ojo izquierdo nuevo! ¡Le había devuelto la visión que el diablo le robó al nacer! El poder sobrenatural de Dios había obrado un milagro creativo. ¡Lo que era imposible para la ciencia, Dios lo hizo en un instante!

¿Qué hicimos? Activamos el poder sobrenatural de Dios. Entonces los milagros ocurrieron uno tras otro. ¡La ciencia no pudo sanar a esta mujer, pero Dios lo hizo en un instante!

A lo largo de la Escritura podemos ver a un Dios que opera de manera sobrenatural, que habita fuera del tiempo, pero que puede interrumpir el tiempo, el espacio y la materia cuando así lo desea. Esto es lo que nosotros llamamos un "milagro". Yo defino un *milagro* como "la intervención sobrenatural de Dios, que interrumpe el curso normal de la vida natural". Por eso, cada día necesitamos con mayor urgencia, que Dios interrumpa nuestra vida cotidiana para que veamos sus divinas manifestaciones o milagros. Él es un Dios de milagros, y lo podemos ver en los siguientes ejemplos:

Dios detuvo el sol

Entonces Josué...dijo en presencia de los israeli-
tas: Sol, detente en Gabaón; y tú, luna, en el valle de
Ajalón. Y el sol se detuvo y la luna se paró, hasta que
la gente se hubo vengado de sus enemigos....

(Josué 10:12–13)

El tiempo es una ínfima parte de la eternidad y Dios puede parar su reloj en cualquier momento. Lo hizo con Josué y el
sol se detuvo. De acuerdo a los descubrimientos de la ciencia,
sabemos que el sol no gira alrededor de la tierra sino al revés.
Entonces, cuando Josué dio esa orden no fue el sol el que se
detuvo sino la tierra. Ahora bien, la tierra no sólo gira alrededor
del sol sino que también gira sobre su propio eje y da una vuelta completa cada 24 horas a una velocidad cercana a las 1.000
millas por hora. Esto es lo que produce el efecto de la "salida" y
la "puesta" del sol, también conocidos como la aurora y el cre-
púsculo, respectivamente. Pero, ¿por qué Josué le ordenó al sol
que se detuviera si es la tierra la que gira alrededor del astro?
Porque él habló desde su punto de vista. Expliquemos esto: si
estamos en un automóvil en movimiento y vemos a una persona parada en la próxima esquina puede parecer que la persona
se acerca, cuando en realidad somos nosotros los que vamos
hacia ella. Ahora, lo tremendo de este milagro es que la tierra sí
se detuvo, dejó de rotar sin destruirse. En este mismo instante
estamos viajando a esa velocidad; la pregunta es: ¿qué pasaría
si el planeta se detuviera inesperadamente? Saldríamos des-
pedidos a alta velocidad; pero como podemos ver en el relato
bíblico, esto no sucedió. Los científicos hasta hoy no alcanzan
a explicar por qué el 20 de junio es el día más largo del año.
La razón es que ése fue el día en que Josué le ordenó al sol que
se detuviera. Una vez más debemos insistir en que no podemos
limitar a Dios. Él es sobrenatural, todopoderoso y tiene total
dominio sobre la naturaleza.

En el Antiguo Testamento el Señor se muestra como un
Dios sobrenatural y de milagros:

- Cuando dividió los idiomas en la Torre de Babel (Génesis 11:5-8);

- Cuando destruyó Sodoma y Gomorra con fuego del cielo (Génesis 19:24-25);

- Cuando salvó a Moisés de la matanza de los primogénitos (Éxodo 12);

- Cuando hizo arder la zarza en medio del desierto (Éxodo 3);

- Cuando reverdeció la vara de Aarón (Éxodo 7:10-12); cuando convirtió el agua en sangre (Éxodo 7:14-24); cuando trajo la plaga de ranas, moscas, forúnculos y langostas (Éxodo 7-10);

- Cuando abrió el Mar Rojo y liberó al pueblo de Israel de la esclavitud de Egipto (Éxodo 13:17-14:29);

- Cuando hizo caer maná del cielo cada día por cuarenta años (Éxodo 16:1-24); cuando envió codornices (Números 11:31-32); cuando sacó agua de la roca (Éxodo 17:6);

- Cuando destruyó a los filisteos con una tormenta (1 Samuel 14:15);

- Cuando derribó los muros de Jericó (Josué 6);

- Cuando hizo flotar el hacha (2 Reyes 6:6);

- Cuando le dio fuerza a Sansón para matar leones y derribar las columnas de los filisteos con sus manos (Jueces 14:5-6 y 16:21-30);

- Cuando le dio un hijo a Abraham en su vejez usando a su estéril mujer llamada Sara (Génesis 21:1-3);

- Cuando mató a Goliat con una piedra a través de un joven pastor de nombre David (1 Samuel 17);

- Cuando alimentó a la viuda de Sarepta con la multiplicación de aceite y harina (1 Reyes 17:8-15);

- Cuando hizo hablar al asno (Números 22-24);

- Cuando consumió el sacrificio de Elías en el Monte Carmelo (1 Reyes 18:16-46);

- Cuando mandó lluvia después de la sequía (1 Reyes 18:16–46);

- Cuando sanó a Naamán a través de Su profeta (2 Reyes 5:1–19);

- Cuando un muerto resucitó al tocar los huesos del profeta Eliseo (2 Reyes 13:14 y 20–21);

- Cuando Sadrac, Mesac y Abed-nego no se quemaron en el horno de fuego (Daniel 3);

- Cuando los leones no se comieron a Daniel en el pozo (Daniel 6:10–23);

- Cuando Jonás salió vivo del vientre de la ballena (Jonas 1–2).

Y estos sólo son unos cuantos ejemplos.

También vemos un milagro cuando Dios envió a Jesús, Su Hijo unigénito, para que viniera a revelarnos al Padre celestial como un Dios sobrenatural; y cuando Su Hijo realizó milagros portentosos, como por ejemplo:

- Cuando convirtió el agua en vino (Juan 2:1–11);

- Cuando sanó a los diez leprosos, al siervo del centurión, al paralítico, a la suegra de Pedro, y liberó a un sordomudo (Lucas 17:11–19; Mateo 8:5–13; Lucas 5:17–26; Marcos 1:29–39; Marcos 7:31–37);

- Cuando enderezó la espalda de la mujer encorvada (Lucas 13:10–17);

- Cuando sanó al ciego en el estanque (Marcos 10:46–52);

- Cuando le dio vista a un ciego de nacimiento (Juan 9:1–25);

- Cuando resucitó al hijo de la viuda de Naín (Lucas 7:11–17);

- Cuando liberó a la hija de la mujer sirofenicia (Marcos 7:24–30);

- Cuando resucitó a Lázaro quien llevaba tres días muerto (Juan 11:1–27);

- Cuando multiplicó los panes y los peces alimentando a cinco mil personas (Marcos 6:30–44);

- Cuando caminó sobre las aguas (Mateo 14:22–33);
- Cuando proveyó dinero de la boca de un pez (Mateo 17:24–27);
- Cuando maldijo a la higuera y ésta se secó de inmediato (Mateo 21:18–21);
- Cuando liberó al endemoniado Gadareno (Marcos 5:1–20).

Sin embargo, el milagro más poderoso fue cuando entregó Su vida en la cruz, descendió al infierno, le arrebató a Satanás las llaves de la muerte y del Hades, y Su cuerpo fue levantado de entre los muertos, antes de ascender al cielo y enviarnos Su Espíritu Santo. Lo asombroso es que la iglesia primitiva continuó haciendo milagros similares, conforme lo relata el libro de los Hechos. Mejor aún es que hoy en día, nos seguimos maravillando con los milagros, señales y maravillas que Dios realiza en Su iglesia.

Dos fuentes de poder sobrenatural

- Dios
- Satanás

Todo poder sobrenatural que no viene de Dios, viene de Satanás. Por tanto, debemos mantenernos atentos para no ser engañados. El hombre fue creado para disfrutar y ejercitar el poder sobrenatural de Dios.

Entonces dijo Dios: Hagamos al hombre a nuestra imagen, conforme a nuestra semejanza; y señoree en los peces del mar, en las aves de los cielos, en las bestias, en toda la tierra, y en todo animal que se arrastra sobre la tierra. (Génesis 1:26)

El hombre fue creado con poder sobrenatural para ejercer dominio y señorío; no fue hecho para vivir confiando solamente en sus habilidades naturales, en su mente, razonamiento y otras fuentes de conocimiento sensorial que le ofrece el mundo. El hombre fue creado para caminar en el poder sobrenatural de Dios.

El Dios sobrenatural se reveló a través de Jesús

Entonces le respondió Pedro, y dijo: Señor, si eres tú, manda que yo vaya a ti sobre las aguas. Y [Jesús] dijo: Ven. Y descendiendo Pedro de la barca, andaba sobre las aguas para ir a Jesús. (Mateo 14:28–29)

Caminar sobre las aguas fue uno de los milagros más maravillosos de Jesús. Cuando Pedro vio esto dijo: "Maestro, yo también quiero hacerlo", y Jesús le respondió: "*Ven*". Pero cuando Pedro comenzó a caminar sintió el fuerte viento, se enfocó en la tempestad, apartó su vista de Jesús y se hundió. Observe que Jesús no lo reprendió por pretender hacer lo mismo que Él hacía; por el contrario, lo animó a hacerlo. Pero, ¿por qué Pedro quería caminar sobre las aguas? ¿Cuál era su intención? Tal vez usted esté pensando que eso no va con el propósito de Jesús en la tierra, que eso no sana, no libera ni salva a nadie. Sin embargo, en este milagro existe una tremenda enseñanza para la humanidad, ya que lo que impulsó a Pedro a salir de la barca fue ese instinto de poder sobrenatural que reside en el hombre, esas ganas de cruzar la línea de lo natural. Sin embargo, ese mismo instinto ha llevado al hombre, a lo largo de la historia, a buscar el camino fácil, a querer actuar alejado de Dios, y todo lo que ha encontrado han sido opciones extremadamente destructoras, como la magia, la brujería, los juegos diabólicos, las religiones falsas, las sectas satánicas, el humanismo y tantas otras cosas.

Si observamos a los hombres y mujeres de hoy, unos tratan de vivir confiando solamente en sus habilidades naturales, reposan toda su confianza en la ciencia, la tecnología, las matemáticas, la filosofía, la lógica y otras ramas del saber humano, mientras otros optan por recurrir a la hechicería; pero ni unos ni otros se dan cuenta que todo lo que hacen es pura idolatría y el resultado es la insatisfacción. Por esta razón, Dios está levantando una nueva generación que se atreva a salir del bote, "caminar sobre las aguas" y hacer milagros en Su nombre. Esta nueva generación quiere mucho más porque Dios ha puesto ese deseo en su corazón.

La generación de hoy

Cuando esta generación vino a la iglesia tratando de encontrar el poder sobrenatural de Dios, no lo halló, porque el Jesús que se predicaba era el hombre muerto e histórico que nos enseñaron en la escuela dominical. Por eso mismo, para ellos, el Cristo poderoso, sobrenatural, vivo, real y resucitado de los muertos resultaba un completo extraño; de modo que cuando la gente veía un milagro no lo creía, porque no tenía revelación del verdadero Cristo. Como consecuencia de esa falta de poder en la iglesia muchos jóvenes salieron a buscar el poder en otra fuente: la del diablo.

La mayoría de los jóvenes adultos de hoy nunca ha visto ni oído acerca del poder sobrenatural de Dios, por lo que su fe es inestable, ya que no está fundada en la revelación de Jesús sino en la sabiduría humana. Hoy en día, muchos buscan poder sobrenatural en drogas, alcohol, adivinación, brujería y ramas semejantes. El deseo de poder que tienen es bueno, pero la forma como intentan satisfacer ese deseo es mala; por lo tanto el enemigo termina destruyéndolos.

Veamos algunos testimonios que muestran el poder sobrenatural de Dios para esta generación:

Durante su tiempo de merienda, uno de los jóvenes de nuestra iglesia decidió ir a la gasolinera a tomarse un café. Delante de él estaba una atractiva mujer que aparentaba tener dinero. De inmediato el Espíritu Santo le mostró que ella necesitaba ayuda. Así que se le acercó y le dijo, "Tengo una palabra de Dios para ti, ¿esperarías a que pague mi café y te la diga?". Ella le dijo que sí. Apenas pagó, salió de la gasolinera y comenzó a decirle: "Siento que acabas de perder a un familiar hace muy poco tiempo, quizá fue hace una semana". La muchacha se quedó atónita y le contesto: "Sí, mi papá murió la semana pasada", y de inmediato empezó a llorar. Entonces el muchacho sintió compasión por ella y le dijo: "Tu Padre celestial te está viendo y hoy Él quiere hacerse real ante tus ojos; sólo Jesús puede acercarte al Padre". Después empezó a darle algunos detalles de su vida personal, incluso de su matrimonio. Aunque el muchacho no tenía ni idea de lo que estaba comentando, el Espíritu Santo era quien estaba ministrando a la mujer. Dios le estaba diciendo tanto, con tanto detalle, que las palabras impactaban su espíritu; cualquiera podía darse cuenta por la forma cómo ella lo recibía. Finalmente, la muchacha levantó sus manos, y delante de toda la gente que se encontraba a esa hora en la gasolinera, confesó a Jesús como su Señor y Salvador y recibió el amor de nuestro Padre celestial, mientras gruesas lágrimas corrían por su rostro. ¡Así es el amor de Dios!

Veamos otro testimonio: Durante una cruzada de Sanidad y Milagros en Villa Hermosa, México, Dios hizo un milagro creativo que me impactó sobremanera. Luego que oré conforme a Su Palabra y declaré sanidad para el pueblo, un hombre pasó a la plataforma a dar su testimonio. Él había nacido sordo de uno de sus oídos. A temprana edad los médicos habían descubierto que no tenía el aparato auditivo del lado derecho; ni siquiera tenía el orificio de la oreja. En otras palabras, su oído estaba totalmente sellado y sólo le colgaba un pedacito de oreja. Cuando declaré la Palabra, sintió como una ligera explosión al costado de su cabeza, como cuando se descorcha una botella; de inmediato comenzó a escuchar por el lado que no tenía oído y que aún permanecía sellado. ¡Dios hizo en México un milagro creativo! Colocó sistema auditivo donde nunca antes había existido. Una de las doctoras que lo examinó dijo que de forma natural era imposible que el hombre pudiera oír, porque ni siquiera tenía orificio, tampoco el sistema auditivo necesario para transportar las ondas de sonido. Dios obró Su perfecta voluntad y ese varón regresó a casa oyendo perfectamente por ambos oídos.

Veamos ahora un testimonio de los jóvenes de nuestra iglesia que nos muestra cómo la verdad puede transformar la realidad actual.

Un jueves por la noche estuve predicando acerca de la osadía. Después de recibir la Palabra uno de los ministros del grupo de jóvenes de nuestra iglesia, se atrevió a poner en práctica la prédica. Así que luego de comer con sus amigos en un restaurant de Miami, decidió ir al negocio del lado, que es un bar. ¿Un bar? ¡Sí, un bar! El ministro y dos amigos entraron al bar, mientras el resto del grupo se quedó en las afueras hablándole a la gente acerca de Jesús. Él se apropió tanto de la prédica de esa noche que decía: "A todos esos borrachos me los voy a ganar para Jesús". Y tal como lo pensó lo hizo. Así que le empezó a dar "palabra de ciencia" a los borrachos; luego compartió el mensaje del evangelio del reino, y de pronto sucedió algo asombroso, todos en el bar empezaron a repetir en voz alta la oración de fe. A través de este testimonio nos podemos dar cuenta que, cuando uno predica el evangelio, las almas se salvan, y no solamente eso, sino que incluso la atmósfera del lugar cambia. ¿Cómo? ¡Sí señor, la atmósfera de ese lugar cambió! ¿Por qué? Por la simple y llana razón que el bar ya no existe, ¡tuvo que cerrar! Esto demuestra claramente que, ¡la palabra de Dios jamás regresa vacía! (Vea Isaías 55:11).

Enemigos del Dios sobrenatural

1. La ignorancia

Por tanto, mi pueblo fue llevado cautivo, porque no tuvo conocimiento. (Isaías 5:13)

El diablo odia el conocimiento revelado porque éste ciertamente conduce a la liberación. Cuando el pueblo conoce la verdad es libre, pero cuando no tiene conocimiento es llevado cautivo en el área de su ignorancia.

2. La mala teología

La teología es el estudio de Dios por medio de la mente o la razón. Cuando estudiamos a Dios con el motivo incorrecto, sin la inspiración, iluminación y revelación del Espíritu Santo, la teología se vuelve carnal. Sin embargo, conviene aclarar que sí hay una teología buena, la cual estudia a Dios con la revelación que trae el Espíritu Santo. Tengo la bendición de ser graduado de la Universidad Oral Roberts y, sin temor a equivocarme, creo que es una de las pocas universidades en el mundo que estudia a Dios bajo la inspiración y autoridad del Espíritu Santo. Luego de terminar mi maestría, sin duda puedo decir que conozco a Dios más íntimamente y que la experiencia vivida en Su presencia ha sido mucho más intensa y profunda. Hoy necesitamos la teología, pero aquella que parte de la revelación que trae el Espíritu Santo.

3. El humanismo

El humanismo es un conjunto de corrientes filosóficas que colocan al hombre como modelo a seguir y sitúan en alta estima la mente y el ser humano en su totalidad. Durante la Edad Media, la razón y el pensamiento llegaron a adquirir un gran valor, y dentro del ámbito cristiano de la época, era bueno. Sin embargo, ahora la corriente del humanismo es secular, rechaza a Dios y Su poder sobrenatural, y endiosa al hombre. Está centrado en la razón, el intelecto y los valores humanos. Por lo mismo, el humanismo moderno es anti-Dios.

4. El "espíritu de Jezabel" o brujería

El espíritu de Jezabel debe su nombre a la reina Jezabel, una de las personas más malvadas que se mencionan en la Biblia. Después de casarse con Acab, rey de Israel, su naturaleza controladora y dominante llevó a la nación a adorar dioses falsos (1 Reyes 18:4–13). Se dice que alguien tiene espíritu de Jezabel, cuando actúa de la misma manera, practicando la inmoralidad, la idolatría, las falsas doctrinas y la falta de arrepentimiento de pecados.

> *¡Oh gálatas insensatos! ¿Quién os fascinó para no obedecer a la verdad...?* (Gálatas 3:1)

Mucha gente le da poca importancia a este versículo, pero Pablo usó aquí la palabra "fascinar", que literalmente significa embrujar. Esto implica que detrás de todo había brujería, la cual ciega el entendimiento de la gente para que no vea la obra redentora de Cristo en la cruz.

¿Qué abre la puerta a la brujería? Esa puerta es abierta por la rebelión, que consiste en sublevarse a las autoridades puestas por Dios. La rebelión reemplaza la autoridad divina por la ilegítima que, a su vez, es sostenida por el espíritu de brujería. Quien domina por medio de la brujería es el espíritu de Jezabel, y su propósito principal es manipular, controlar, intimidar y dominar, para después oscurecer el poder sobrenatural de la cruz.

5. La mente carnal

La mente carnal está basada en la realidad mundana. Quiero aclarar que ser una persona inteligente o de intelecto brillante no es malo, siempre y cuando su mente esté sometida a la guía del Espíritu Santo. El apóstol Pablo era un hombre de deslumbrante inteligencia, pero no confiaba en su mente carnal sino en la iluminación del Espíritu Santo. Dios usó su trasfondo educacional para Su gloria.

Yo defiendo y apoyo la preparación intelectual. Quiero que los jóvenes estudien y vayan a la universidad, y ayudo a muchos de ellos a que terminen sus carreras. El problema con el intelectualismo empieza cuando tratamos de usar nuestra mente carnal para entender cosas espirituales o para activar el poder sobrenatural de Dios. Ahí es cuando nuestra mente carnal se convierte en un enemigo porque toma el lugar de la revelación divina. Si cedemos a nuestra mente carnal terminaremos dudando del poder de Dios.

Soy una persona inteligente y siempre me ha gustado estudiar; es más, Dios me ha permitido obtener varios títulos profesionales; sin embargo, al comienzo del ministerio fue un problema tratar de entender a Dios con mi mente, hasta que me di cuenta que sólo podría hacerlo a través de la revelación del Espíritu Santo. Fue entonces cuando le entregué mi mente al Señor para que la llenara con Sus pensamientos. Esa es la razón por la que necesitamos renovar nuestra mente (vea Romanos 12:2).

¿Qué sucedió al principio de la creación?

La caída del hombre ocurrió cuando Adán sustituyó la revelación de Dios por el conocimiento mental y el sentido común. Él desobedeció el mandato de Dios.

> *Mas del árbol de la ciencia del bien y del mal no comerás.* (Génesis 2:17)

Después que Adán pecó, el tiempo, el espacio y la materia vinieron a ser la base de su realidad. El pecado le quitó la capacidad de ver en el mundo espiritual. Por eso la mente carnal tiene problemas con aquello que no puede explicar, y le cuesta entender a Dios y Su poder sobrenatural. Hoy en día el intelecto determina nuestra realidad. Cuando recibimos a Jesús comenzamos un proceso de renovación de nuestra mente, por medio de los pensamientos de Dios. Las obras que Dios hizo en el pasado, las que está haciendo ahora y las que hará en el futuro están más allá de lo que entendemos. Nuestra realidad está determinada por el nivel de revelación que tengamos de Dios.

El intelecto causa que usted se conforme a esta dimensión natural, y cuando eso sucede ése es su límite. ¿Qué le dio Dios al hombre después de haber pecado? Dios le dio fe para que saliera del mundo o ámbito natural en el que había caído. La fe es la antena con la que Adán podía ver el ámbito espiritual, y desde ahí actuar en el espacio físico. Si la intención de Dios hubiese sido que el hombre viviera sólo en la dimensión natural nunca le hubiera dado fe.

¿Qué nos puede llevar más allá de la dimensión natural o mundana?

- La revelación o conocimiento revelado
- La fe

La mente carnal por naturaleza es anti-Dios.

Y los que viven según la carne no pueden agradar a Dios. (Romanos 8:8)

El sentido común, la lógica y la razón, no pueden producir milagros. Por ejemplo, no pueden hacer que un ciego vea, que un sordo oiga, que un cáncer o un quiste desaparezcan o que un mudo hable. Por eso, tenemos que levantar una generación que no le tema a lo sobrenatural.

Mientras oía los testimonios al final de una cruzada de Sanidad y Milagros en Barranquilla, Colombia, me trajeron un niño a quien le iban a cortar un brazo porque tenía gangrena a causa de la herida producida durante un accidente. Cuando oré, el poder de Dios vino sobre él y lo sanó. Por fin pudo levantar el brazo después de haberlo tenido paralizado durante mucho tiempo. Al terminar el viaje le pregunté a mi hijo Ronald, qué le había impactado más de toda la cruzada y me respondió que jamás olvidaría el milagro que Dios hizo en aquel niño. Mi hijo está fundamentado en lo sobrenatural porque ha visto, oído y experimentado el poder de Dios.

El sentido común y la razón humana nunca producirán un milagro.

La generación de hoy no sabe que puede ir más allá del diagnóstico médico, más allá del problema financiero o de cualquier evidencia natural. Ahí es cuando los creyentes tenemos que anunciar las buenas nuevas y decirles que Jesús está vivo, que es poderoso para hacer más de lo que su mente humana entiende.

Durante otro servicio, un hombre que había venido por primera vez a nuestra iglesia se fue a casa con un milagro poderoso. Llevaba ocho meses conectado a un tanque de oxigeno, de día y de noche, porque sufría de fibrosis pulmonar, una enfermedad que lleva a que los pulmones se cicatricen y se tornen rígidos, lo que hace muy difícil y dolorosa la respiración. Ese día yo predicaba acerca del Dios sobrenatural que es nuestro Padre celestial, y le presenté a la iglesia un Jesús lleno de poder para hacer milagros.

Este hombre activó su fe, pasó al frente, y delante de toda la congregación se quitó la máscara de oxígeno, y al fin pudo respirar con libertad. ¡El Señor lo sanó inmediatamente!

¿Cuál es el problema de la iglesia de Dios hoy en día?

La iglesia actual piensa en base a las habilidades humanas; por lo mismo, si algo no encuadra dentro de lo "normal", no lo creen y nada sucede. Consideran que la gente no va a un templo con la intención de ver algo extraordinario ni esperando que suceda algo sobrenatural. ¿Entonces para qué vamos a la iglesia? ¿Por qué vamos a trabajar si no esperamos que nos paguen? ¿Por qué vamos a un restaurante si no esperamos comer? ¿Por qué vamos a la iglesia si no esperamos ver milagros o experimentar un evento sobrenatural, una sanidad, un cántico nuevo, una señal, una maravilla? Si nada de esto ocurre en la iglesia, entonces algo anda mal.

¿Por qué la iglesia no espera que ocurra algo sobrenatural? Porque no sabe cómo traer lo sobrenatural a los servicios; porque no tiene revelación del Dios sobrenatural, eterno y todopoderoso. El humanismo, nos ha robado esto. Por esta razón los líderes y ministerios se han vuelto irrelevantes y fallan al no poder generar impacto en sus naciones e iglesias. Es tiempo de retomar la ruta marcada por la iglesia primitiva y volver a traer la revelación del Cristo vivo, resucitado, todopoderoso y sobrenatural.

Resumen

- Dios es un ser espiritual con habilidades sobrenaturales. Él vive en la eternidad pero manifiesta Su presencia en nuestra dimensión física.

- Revelación, es el conocimiento revelado de Dios que llega directamente a nuestro espíritu, en un instante, sin haberlo estudiado ni aprendido previamente.

- El Espíritu Santo es la única fuente de revelación para conocer a Dios.

- Todos los misterios de la sabiduría están escondidos en Jesús y están disponibles para los humildes y los sedientos de conocer a Dios.

- Las cuatro cosas que sólo pueden conocerse por revelación son: la naturaleza de Dios, la naturaleza humana, el origen del hombre y el origen de la vida.

- Las dos fuentes de poder sobrenatural son Dios y Satanás.

- Dios creó al hombre con instinto por el poder.

- Los cinco enemigos del poder sobrenatural son: la ignorancia, la mala teología, el humanismo, la mente carnal y el espíritu de Jezabel.

- La fe y la revelación nos llevan a vivir más allá de la dimensión natural.

Activación

- Si usted tiene sed por conocer al Dios sobrenatural, pídale al Espíritu Santo que abra su entendimiento y le revele Su grandeza, Su majestad, Su amor y Su poder sobrenatural.

- Ahora mismo, por la fe, sus ojos, sus oídos y sus sentidos espirituales son abiertos para que tenga una experiencia sobrenatural con un Cristo vivo, real, verdadero y sobrenatural.

2

Los sustitutos del poder sobrenatural de Dios

Me gustaría compartir parte de mi testimonio, pues creo que es importante conocer lo que Dios puede hacer con cualquiera que esté disponible para Él.

Nací en Honduras, Centroamérica, en 1965. Vine a los Estados Unidos muy joven; de hecho, he vivido más tiempo aquí que en mi país de origen. A los 21 años, acepté a Jesús en mi corazón como mi Señor y Salvador, en la iglesia Catedral del Pueblo, en la ciudad de Miami, Florida —la iglesia hispana más numerosa de los Estados Unidos en aquel tiempo—. En 1988 Dios me llamó a predicar Su Palabra, para lo cual me gradué en el Instituto Bíblico Palabra Viva. Desde entonces, y por nueve años, viajé predicando el evangelio por más de cuarenta naciones del mundo. Finalmente, en 1996, fundé la iglesia El Rey Jesús. Al inicio eran sólo doce personas; hoy tenemos más de 15.000 miembros en la iglesia central y otros 4.000 en nuestras iglesias hijas.

En el año 2000, Dios me llamó al ministerio apostólico, habiendo sido confirmado como tal por varios apóstoles y profetas reconocidos y de gran reputación en el cuerpo de Cristo. Soy fundador de la Red Apostólica Vino Nuevo, con la cual doy cobertura a más de 100 iglesias y pastores de 25 naciones. Nuestra visión es evangelizar, afirmar, discipular y enviar. Conduzco además el programa "Tiempo de Cambio", el cual se transmite por una extensa cadena de radioemisoras y televisoras alrededor del mundo.

Mi misión en la tierra

Orando y buscando la presencia de Dios, tuve una visitación sobrenatural en la que Él habló a mi corazón diciendo: *Yo te he llamado a traer mi poder sobrenatural a esta generación.* Mientras temblaba y lloraba volví a oír la misma voz, en forma audible, pero esta vez en todo el cuarto: "Yo te he llamado a traer mi poder sobrenatural a esta generación". Dos semanas después, el profeta y amigo, Hank Kunneman me telefoneó para contarme que el Espíritu Santo le había revelado que Dios me había visitado, y me dio un versículo bíblico que prácticamente confirmaba lo que había dicho aquella voz.

> *Para esto mismo te he levantado, para mostrar en ti mi poder, y para que mi nombre sea anunciado por toda la tierra.*   (Romanos 9:17)

Desde entonces, mi misión ha sido traer el poder sobrenatural de Dios a esta generación; enseñando, entrenando y equipando al liderazgo de la iglesia y a los creyentes, para que puedan manifestar ese poder en la tierra. Conforme a mi misión, este libro es para todos aquellos que tengan sed del poder sobrenatural de Dios, de modo que puedan manifestarlo y bendecir a una humanidad en crisis y sin esperanza. Creo que para entender y poder movernos en ese poder primero necesitamos revelación y entendimiento del reino de Dios.

¿Qué es el reino de Dios?

El reino de Dios es el gobierno divino, invisible, que se establece en la tierra cuando se hace la voluntad de su Rey. Es Su orden total; es Su administración influenciando la tierra y reemplazando el sistema u orden mundano. El reino de Dios es el señorío y dominio del Rey sobre la tierra, el cual se manifiesta de una forma visible.

> *Porque tuyo es el **reino**, y el **poder**, y la **gloria**, por todos los siglos. Amén.*   (Mateo 6:13, se añadió énfasis)

Jesús habló de tres ámbitos divinos: El *reino*, que es el gobierno de Dios; el *poder*, que es la habilidad de Dios; y la *gloria*, que es la presencia de Dios.

La esencia de la enseñanza de Jesús es el reino, el poder y la gloria.

En el capítulo 1 del libro de los Hechos, Jesús les enseña a sus discípulos acerca del reino, por espacio de cuarenta días, con el fin de prepararlos para que recibieran el poder; esto ocurre en el capítulo 2, y enseguida, en el capítulo 3, vemos la manifestación de la gloria de Dios. En la actualidad, en unos ministerios se enseña mucho acerca del reino de Dios, pero con pocas demostraciones de Su poder. En otros, ocurre lo contrario; se ve mucho poder de Dios, pero poco se habla del reino. Incluso hay otros, en los que se habla acerca de la gloria, pero sin que el poder y el reino de Dios se manifiesten. Jesús les enseñó a sus discípulos acerca del reino porque sabía que para ser testigos efectivos en un mundo hostil, necesitaban el poder. Sabía además que los romanos y los fariseos harían todo lo que fuera necesario para que no quedasen pruebas o evidencias de Su resurrección.

¿Qué genera la revelación del reino en los creyentes?

• **Estructura**

La revelación del reino produce en nosotros un espíritu que sabe usar la autoridad y sabe someterse a la misma. Sin esto, el poder puede destruir a la persona. La subyugación de Satanás sólo se entiende por la revelación del reino de Dios. Cuando llegamos a comprender esto, podemos ver la innegable superioridad del reino de la luz cada vez que confronta al reino de las tinieblas.

- **Orden**

Donde no hay un rango de gobierno y autoridad establecido no puede haber orden. El caos y el desorden resultan peligrosos cuando tratamos con el poder de Dios.

- **Visión**

Donde no existe visión, principios, carácter ni mentalidad de reino, el poder sólo podrá ser usado para cualquier cosa, menos para la expansión del reino de Dios y la bendición que Él tiene para su pueblo. Sin la visión del reino, el poder se vuelve vano y hasta puede destruir a las personas.

- **Propósito**

La revelación del reino es lo primero que debe venir a nuestras vidas. Este principio está vigente hoy. Vivimos en una sociedad hostil al evangelio de Dios, llena de maldad e iniquidad, y, sin Su poder no podríamos vencer ni tener éxito.[1]

¿Qué es el poder de Dios?

En el griego la palabra "poder" es *dúnamis*, que también significa fuerza poderosa, potencia o habilidad inherente al poder. *Dúnamis* es la capacidad para realizar milagros. Es el poder de Dios, Su habilidad sobrenatural, Su poder explosivo, dinámico e inherente a Él; es en suma, Su poder milagroso. Hoy en día, muchos círculos cristianos muestran una actitud negativa hacia este poder, por lo que la mayor parte nunca ha visto un milagro físico o una obra sobrenatural. Su poder está intrínsecamente ligado al mensaje del evangelio, y aquí radica la diferencia entre el cristianismo y otras religiones que no pueden producir una experiencia sobrenatural, simplemente, porque carecen del verdadero poder. En el libro de los Hechos, el poder sobrenatural de Dios está presente en cada uno de sus 28 capítulos. Por lo mismo, en la actualidad, hay un gran número de iglesias que están llenas de enfermos y oprimidos, porque han sustituido el poder de Dios con otras cosas.

---

[1] Para entender mejor el reino de Dios, consulte el libro: Maldonado, Guillermo. *El Reino de Dios y Su Justicia.* (2007). Miami, FL: ERJ Publicaciones.

La religión está falta de una experiencia con Dios.

La iglesia que Jesús nos dejó, evangelizaba y establecía el reino, usando el poder sobrenatural como herramienta principal e inseparable. Sin embargo, con el paso del tiempo y debido a la influencia del espíritu de brujería, ese poder sobrenatural se ha abandonado, por lo que hoy se recurre a formas humanas ideadas para sustituirlo.

Sustitutos del poder de Dios

Dondequiera que usted encuentre carnalidad y legalismo, allí está operando la brujería.

Aquel, pues, que os suministra el Espíritu, y hace maravillas entre vosotros, ¿lo hace por las obras de la ley, o por el oír con fe?.   (Gálatas 3:5)

Los gálatas habían comenzado en el Espíritu —fueron salvos, llenos del Espíritu, vieron milagros, maravillas y señales—, pero la brujería los llevó a seguir leyes no bíblicas, normas y carnalidad, por lo que perdieron de vista el poder de Dios.

La iglesia de hoy está en una situación similar. Todos los movimientos cristianos, sin importar su denominación, comenzaron con una visitación sobrenatural de Dios, de lo contrario nunca habrían impactado al mundo. Pero, ¿cuántos de ellos aún caminan en el poder sobrenatural con que comenzaron? Lamentablemente, muy pocos. ¿Qué les sucedió? Lo almático sustituyó a lo espiritual.

Recordemos que el hombre es un espíritu que tiene un alma y vive en un cuerpo. El alma tiene sus funciones legítimas pero no puede tomar el lugar del espíritu. Cuando la gente se aparta de lo sobrenatural comienza a confiar en sus propias habilidades y fuerzas, moviéndose del espíritu al alma, al intelecto y a las emociones; entonces, ocurre una sustitución en la que la religión toma el lugar de la realidad espiritual. Veamos a continuación los sustitutos más destacados:

• **La teología sin la inspiración del Espíritu Santo tomó el lugar de la revelación.**

La teología es el hombre estudiando a Dios con su mente y su razonamiento. Este estudio es correcto, pero para que sea efectivo necesita la revelación del Espíritu Santo. En otras palabras, la humanidad necesita balancear el conocimiento que deriva del estudio de la Palabra de Dios, del conocimiento que proviene del Espíritu Santo. La combinación entre Espíritu y Palabra es lo que transforma nuestras vidas.

• **La educación intelectual reemplazó el carácter.**

La educación ocupa un lugar importante en la vida de un individuo; es esencial que nuestros jóvenes estudien, se gradúen y sean excelentes profesionales. Pero debemos entender que la educación intelectual no forma el carácter de los jóvenes, sólo los prepara para desempeñar un trabajo. Lo único que puede formar el carácter y transformar el corazón del hombre es el poder de Dios.

Es muy peligroso entrenar a la gente intelectualmente sin lidiar con su carácter.

Cuando usted educa la mente carnal (mundana) sin entrenar el carácter, está levantando un enemigo de Dios bien educado. Algunos seminarios teológicos no creen en la revelación sobrenatural del Espíritu Santo. Su única meta es educar mentes sin formar el carácter, por eso sus estudiantes se transforman en enemigos tenaces del evangelio del reino.

• **La psicología y la psiquiatría sustituyeron el discernimiento espiritual.**

La psicología es una parte de la filosofía que estudia el alma y la mente. La psiquiatría es la ciencia que estudia la psiquis del ser humano y las enfermedades conectadas a ella. Dios nos ha dado el discernimiento y la percepción para encontrar la raíz de los problemas; sin embargo, nosotros pretendemos solucionar problemas espirituales con estrategias y métodos psicológicos y psiquiátricos. Quienes aplican estas disciplinas tienen las mejores intenciones de ayudar a la gente, pero ellos no pueden lidiar con las raíces, las cuales son espirituales; sólo alcanzan a tratar las ramas, las cuales son superficiales.

- **Los programas y planes de hombres sustituyeron la guía del Espíritu Santo.**

Un principio bíblico afirma que, para que nuestra obra prospere, Dios debe tomar la iniciativa en todo (vea Proverbios 16:3; 16:9, NVI). Sin embargo, hoy por hoy, pretendemos realizar los servicios en la iglesia, de acuerdo a nuestro propio programa; planeamos actividades con dos y tres años de anticipación, sin tomar en cuenta al Espíritu Santo. Por eso vemos los grandes desastres que ocurren en la iglesia.

- **La elocuencia reemplazó la demostración del poder.**

Los predicadores de hoy no imparten transformación al corazón de las personas porque han dejado fuera el ingrediente del poder de Dios. La gente corre tras el carisma y la iglesia se edifica sobre el don de un hombre y no sobre Jesucristo.

- **Los apóstoles y profetas fueron reemplazados por buenos administradores.**

Los apóstoles y profetas son los que traen rompimiento, revelación y poder a la iglesia; son los que Dios ha investido con unción para la guerra. Al sustituir apóstoles y profetas por buenos administradores se le quita mucho del poder de Dios a la iglesia.

- **La razón, la lógica y la mente carnal sustituyeron el vivir por fe.**

Tratar los asuntos divinos con una mente carnal nos lleva a limitar a Dios y perder lo sobrenatural. Fe es la habilidad para creer por encima de cualquier razón humana, porque supera todo razonamiento. En la Biblia, la mayoría de cosas que el Señor hizo, no tienen sentido.

- **El mensaje motivacional substituyo el mensaje de la cruz.**

La prédica motivacional es buena porque inspira a la gente, pero cuando se hace sin tener a Cristo como figura fundamental, no tiene poder alguno para cambiar el corazón de la gente. Eliminar o esconder a Jesús en una prédica, es anular el poder que Él activó con Su muerte y resurrección.

- **La rigidez de las leyes, normas y reglas tomaron el lugar del amor.**

Hoy en día, la iglesia está más pendiente de que la gente cumpla las tradiciones, normas y reglas de su concilio o denominación, que de darles verdadero amor. Sin embargo, es el amor el que desata el poder de Dios.

- **El entretenimiento tomó el lugar del poder.**

Los creyentes van a la iglesia en busca de entretenimiento; y los líderes usan este artificio para mantener la membrecía; pero realmente no los están cimentando en el poder de Dios. Por eso es que el pueblo de Dios no alcanza a ver una diferencia real en su existencia.

Cuando comenzamos a entretener a la gente es porque hemos perdido poder.

- **La habilidad humana sustituyó la gracia de Dios.**

La gracia es la habilidad divina que Dios nos da para ser y hacer todo lo que Él nos ha mandado y que no podemos lograr en nuestras propias fuerzas. Hay hombres y mujeres de Dios que tienen un ministerio sobrenatural, pero su carácter no da la medida; esto provoca que la gente los rechace a ellos y rechace lo sobrenatural. Ahí es donde interviene la gracia de Dios, cuando existen cosas que no podemos lograr por nosotros mismos. Cristo fue el único hombre perfecto que podemos encontrar y Su vida consistió en manifestar el poder sobrenatural de Dios. Él mantuvo un balance entre el poder y Su carácter. Si Él lo hizo nosotros también podemos hacerlo; ciertamente, con Su gracia.

El que en mí cree, las obras que yo hago, él las hará
también; y aun mayores hará, porque yo voy al Pa-
dre. (Juan 14:12)

- **Las tradiciones sustituyeron la Palabra.**

  ...invalidando la palabra de Dios con vuestra tradición
  que habéis transmitido. (Marcos 7:13)

Es común ver en ciertos círculos cristianos que la prédica gira en torno a las tradiciones que fueron transmitidas por los antepasados. Esos líderes no se dan cuenta que con eso anulan el efecto de la Palabra. El hecho que sean tradiciones muy antiguas no significa que vengan de Dios. Es más, si no producen vida ni transformación en la gente, no son de Dios, no son para este tiempo, no son imprescindibles y no pueden sustituir a la Palabra que cambia vidas.

Cuando vemos los sustitutos del poder de Dios, nos damos cuenta de, por qué no hay poder en la iglesia y por qué muy rara vez ocurren salvaciones, sanidades o milagros. Si usted ha estado operando con algunos de estos sustitutos, arrepiéntase hoy, pídale perdón a Dios y vuélvase a Él para manifestar Su poder sobrenatural en esta generación. La siguiente oración le puede servir de guía para lograrlo:

Señor Jesús, me arrepiento por haber cambiado Tu poder por sustitutos humanos y te pido que vuelvas a llenarme con Tu poder sobrenatural para cumplir Tu propósito aquí, en la tierra.

Pídale al Señor que lo llene de Su poder, ahora mismo.

Balanceando el poder sobrenatural

- **Poder y carácter**

En muchas congregaciones, hay una tendencia negativa hacia cualquier cosa que colinde con lo sobrenatural. Hay gente que mira las imperfecciones de los líderes y dice: "Yo no creo en los milagros ni en la sanidad ni en el poder de Dios, porque el hombre que hace los milagros tiene un carácter terrible". Y si bien el carácter no es condición para tener un don, sí lo es para permanecer y honrar al dador del don y Su evangelio. Si le decimos a alguien: "Tú tienes lo sobrenatural pero te falta el carácter", también podemos preguntarle a otro: "Si tienes el carácter, ¿dónde están los milagros?". Jesús, con el carácter más santo, manifestaba los milagros por doquier. Pero en la Escritura también podemos encontrar hombres sin carácter que tenían habilidades sobrenaturales y fueron usados por Dios. Por ejemplo, Sansón, cuyo final es bien conocido, y sin embargo está incluido entre los héroes de la fe. (Vea Jueces 13–16). Nuestro carácter debe ser formado para estar a la altura del nivel de poder que recibimos. Sólo así tendremos equilibrio y éxito. De allí la importancia del discipulado personal, de tener un mentor —un padre o madre espiritual—, que nos equipe, nos adiestre en el poder sobrenatural de Dios y además, nos ayude a formar y mantener nuestro carácter.

Si le damos al carácter mayor importancia que al poder, convertimos los dones del Espíritu Santo en una recompensa. En otras palabras, los dones ya no serían un regalo de Dios sino un pago por nuestro buen carácter. Como hombre comprometido a mostrar el carácter y el poder de Dios, no puedo decir que uno es menos importante que el otro, pero es un error pensar que podemos ser más efectivos si dedicamos y consagramos tiempo a moldear el carácter, y hacemos a un lado la manifestación del poder.

• Poder y autoridad

Poder es el vocablo griego *dúnamis,* que significa poderío explosivo; mientras que el vocablo griego *exusía,* significa autoridad delegada.

He aquí os doy potestad [exusía]....   (Lucas 10:19)

Cuando una persona tiene *dúnamis* (poder) pero le falta *exusía* (autoridad) puede encontrarse en graves problemas, porque hay desequilibrio. La duración de su poder siempre será directamente proporcional al nivel de autoridad en el que usted camine. Si usted no vive bajo autoridad puede hacer milagros, maravillas y señales, pero su falta de sumisión comenzará a manifestarse, porque el poder expone la carne. Es un arma de doble filo.

Cuando viajaba como evangelista, conocí fuera de nuestras fronteras a un pastor que tenía una iglesia de miles de personas. Dios lo usaba poderosamente para hacer milagros, sanidades y maravillas, pero su carácter dejaba mucho que desear. No se sometía a autoridad alguna ni acostumbraba recibir consejo de nadie. En una época en que la iglesia se encontraba en su mayor apogeo fue hallado en adulterio con una mujer de su equipo; más tarde descubrieron otras cosas peores. Como consecuencia del pecado, su ministerio se derrumbó y fue destruido en un momento. Lamentablemente, éste es un vivo y claro ejemplo del desequilibrio que muchas veces ocurre entre poder y autoridad.

Autoridad es la habilidad de ejercitar el poder, que nos lleva a actuar como Dios.

- **Palabra y Espíritu**

  Porque tres son los que dan testimonio en el cielo: el Padre, el Verbo y el Espíritu Santo; y estos tres son uno. (1 Juan 5:7)

Siempre que predicamos y enseñamos la palabra de Dios debemos esperar la manifestación del Espíritu. En mi caso, tomo el mismo tiempo para enseñar que para ministrar lo que el Espíritu Santo tenga para Su pueblo en cada servicio, y así demostrar el poder de la Palabra predicada. El desequilibrio ocurre cuando las personas sólo se enfocan en la Palabra y no dan lugar al Espíritu; o sólo se enfocan en las manifestaciones del poder y le quitan prioridad a la Palabra. Pero si mantenemos las dos —la Palabra y el Espíritu— en perfecto equilibrio, entonces experimentaremos la completa bendición de Dios.

> ## *Es posible tener una experiencia y ser engañado;*
> ## *pero el no tener una experiencia ya es un engaño.*

• **Poder y cosecha**

Tenemos que discernir la relación que hay entre avivamiento y cosecha. El avivamiento es recibir el poder para salir a recoger la cosecha de almas; si no recogemos la cosecha, la experiencia del avivamiento es vana. Usted es escogido, capacitado y ungido para ir al mundo a buscar las almas, para hacer milagros y maravillas. Mucha gente se queda en la experiencia de aposento alto (vea Hechos 2:1–4) y no sale a recoger la cosecha, mientras miles de familias continúan yendo al infierno. Por mucho tiempo hemos estado llenándonos de poder, pero permanecemos sentados en la iglesia sin hacer nada. Como resultado nos hemos enfriado. Pero Dios no nos ungió para sentarnos y calentar bancas, sino para ir y recoger la cosecha fuera. Si no entendemos para qué es el avivamiento, entonces éste será en vano.

• **Las palabras y las obras**

> *De Jesús nazareno, que fue varón profeta, poderoso en obra y en palabra delante de Dios y de todo el pueblo.* (Lucas 24:19)

> ## *El poder completo del reino sólo se puede manifestar*
> ## *cuando las palabras y las obras van juntas.*

Jesús se movió en palabras y hechos.

> *Hablé acerca de todas las cosas que Jesús comenzó a hacer y a enseñar.* (Hechos 1:1)

La Palabra de Dios siempre muestra a Jesús:

- Haciendo y
- Enseñando

Sin fe el reino no tiene el impacto completo.

Creedme que yo soy en el Padre, y el Padre en mí; de otra manera, creedme por las mismas obras.

(Juan 14:11)

La teología sin obras es una ciencia muerta.

Las multitudes seguían a Jesús, no para añadirse a la iglesia sino para oír la palabra del reino y ver las maravillas que Él obraba. Luego de mostrarles el poder, Jesús las llevaba al reino. Este concepto aparece una y otra vez en los Evangelios.

A mí me ha sucedido esto en países en que la gente es renuente al evangelio, donde la única forma que su corazón se ablande es mostrándoles el poder de Dios. Oro por los enfermos primero o hago una demostración con una persona a la que le falta un hueso, que tiene un quiste, que está sorda, ciega o necesita algún milagro físico; y cuando la gente ve el milagro, se sensibiliza y entonces llega el tiempo de hacer el llamado de salvación. La gente pasa al altar y es salva.

Hay dos cosas que debemos evitar en nuestra relación con el Espíritu Santo si deseamos obtener un balance en nuestro carácter: contristar al Espíritu Santo y apagarlo.

• **No contristar al Espíritu Santo.**

Y no entristezcáis al Espíritu Santo de Dios, con el cual fuisteis sellados para el día de la redención.

(Efesios 4:30)

¿Qué es contristar? Es la palabra griega *lupeo* que significa afligir, angustiar, causar molestia, entristecer. ¿Cómo se contrista al Espíritu Santo? Por medio de malas actitudes; con pensamientos, conversaciones y acciones de maldad; con iras, contiendas, amargura, gritería y maledicencia. También contristamos al Espíritu Santo cuando deliberadamente hacemos cosas que sabemos que son pecado. Cuando vivimos con ira, rabia, intriga y pecado, no dejamos que el Espíritu Santo fluya en nosotros; por tanto, lo contristamos.

- **No apagar el Espíritu Santo.**

  No apaguéis al Espíritu. (1 Tesalonicenses 5:19)

¿Qué significa apagar al Espíritu Santo? *Apagar*, en el griego, es la palabra *sbennume* que significa extinguir o sofocar, como cuando se apaga una llama de fuego. Apagar también da la idea de obstruir el fluir de algo; es ahogar, matar o taponar una fuente. Jesús dijo, *"El que cree en mí, como dice la Escritura, de su interior correrán ríos de agua viva"* (Juan 7:38). Jesús no habla aquí de una gota ni de un chorrito sino de *"ríos"*. Apagar al Espíritu Santo es cortar Su fluir o secar el manantial. Cuando experimentamos ira, amargura, calumnia y otros pecados, bloqueamos el fluir del Espíritu Santo en nuestra vida. Es semejante a tomar una manguera y doblarla para evitar que siga corriendo el agua. Cuando hacemos eso, estamos apagando Su poder.

He aquí un ejemplo de lo que estoy diciendo. A lo largo de mi vida ministerial, muchas veces el servicio ha tomado más tiempo que el habitual; esto ha sucedido porque el Espíritu de Dios se está moviendo: sanando, liberando y salvando. Sin embargo, cuando en alguna oportunidad me he visto presionado a cortar el servicio por razones de tiempo, de inmediato he me dado cuenta que he apagado el fluir del Espíritu Santo, lo cual ha traído como consecuencia que el poder de Dios deje de operar en la iglesia en ese momento.

> ### *Jesús nos modela cómo vivir con el Espíritu Santo, sin contristarlo ni apagarlo.*

Antes yo no entendía, por ejemplo, por qué existen muchos pastores, que aman a Dios, aman la gente, pero que sus iglesias carecen del poder de Dios; la razón es que, aunque ellos no tienen contristado al Espíritu, porque viven una vida recta, sí tienen apagado al Espíritu Santo, porque no dan libertad para profetizar, moverse en Sus dones, orar por los enfermos ni danzar. Cada vez que el Espíritu de Dios pone ese deseo o impulso en ellos, lo apagan. Esa es la causa que sus iglesias no tienen poder. Yo tuve que arrepentirme delante de Dios por la cantidad de veces que contristé y apagué al Espíritu de Dios al no darle libertad para fluir.

Como cristianos, debemos esforzarnos, a diario, de no contristar o apagar al Espíritu Santo para poder mantener una buena relación con Él.

Contristar al Espíritu Santo tiene que ver con el carácter. Apagar al Espíritu Santo tiene que ver con el poder.

Permítame que le muestre un ejemplo. En cierta ocasión uno de los evangelistas de nuestra iglesia iba camino a la Florida International University (FIU) cuando Dios le mostró en una visión a estudiantes con camisas rojas. Cuando entró a la librería de la universidad vio a un estudiante que salía con una camisa roja. Enseguida lo alcanzó y le empezó a hablar de Jesús; por toda respuesta, el joven le dijo que era ateo. Entonces le preguntó al evangelista: "Cómo sabes quién es el verdadero Dios, porque para mí puede ser Alá, Buda, o Jesús". Entonces el evangelista por palabra de ciencia le dijo: "Sabes, tú has pasado por situaciones de riesgo, donde tu vida ha estado en grave peligro y has podido morir, pero no has muerto por la infinita misericordia de Dios". El joven no alcanzaba a comprender lo que estaba escuchando, sin embargo dijo: "Es verdad, he visto mucha gente morir en la guerra de Iraq, pero yo no he muerto, y me he preguntado muchas veces, ¿por qué yo no morí?". En ese momento, el poder de Dios se derramó en el joven y sus piernas comenzaron a temblar. Entonces le preguntó al evangelista, "¿Cómo sabes esto?". El hombre de Dios le contestó: "Bueno, tú me preguntaste, ¿cómo es que yo sé quién es el Dios verdadero? Ahora yo te digo que quien me lo reveló no fue Alá ni Buda, sino Jesús, ¡el único Dios verdadero!". De inmediato el muchacho dijo, "¡Ahora sí creo!". En ese mismo instante recibió a Jesús como su único Señor y Salvador.

Un ministerio que fluye en milagros pero falla en recoger la cosecha de almas, no está operando en la voluntad de Dios.

La conclusión de esta sección es que el poder sin balance destruirá a quien lo opera y a los que están a su alrededor. Pero si se usa con sabiduría y equilibrio impactará a miles de vidas para bien, y Cristo será glorificado; pero sobre todo, recogeremos la gran cosecha de almas.

Resumen

- La revelación del reino produce una estructura, orden, visión y propósito que nos preparan para recibir el poder.

- El poder sobrenatural es la habilidad explosiva, dinámica e inherente de Dios para hacer cualquier cosa.

- Los sustitutos del poder son: la mala teología, la mente carnal, la psicología, la psiquiatría, los programas hechos por el hombre y la elocuencia; también la razón, los buenos administradores, las leyes, el entretenimiento y la habilidad humana.

- El poder es balanceado por el carácter, la autoridad, la Palabra y el Espíritu, la cosecha y las obras.

3

Los propósitos del poder sobrenatural de Dios

Durante 22 años un hombre había sido controlado por el espíritu de alcoholismo. Esto le había llegado a través de una maldición generacional que se encontraba arraigada en su familia hasta por 3 generaciones. Un día, mientras miraba la televisión, escuchó la orden que di ante las cámaras, mandando que botara la cerveza; él sintió tal convicción que de inmediato lo hizo, sabiendo que Dios le estaba hablando. Desde entonces le sirve al Señor con todo su corazón. Nunca más tocó el alcohol, y ahora es un mentor que con su testimonio está edificando a otros hombres que enfrentan el mismo problema. Gracias al Señor, esa maldición generacional fue rota en este hombre y su familia.

Todo lo creado por Dios tiene un propósito específico. Él no hace nada al azar. Si nos dio Su poder sobrenatural a través de Su Hijo, Jesucristo, es porque tenemos que usarlo para cumplir la comisión que Él nos ha encomendado. Cuando uno no conoce el propósito de algo pervierte su función y lo utiliza de manera indebida; por tanto, los resultados son negativos. En este capítulo conoceremos los propósitos del poder sobrenatural de Dios y cómo recibirlo y operarlo correctamente.

Los propósitos principales del poder sobrenatural de Dios

Jesús no nos dejó Su poder en vano, sino que lo hizo con propósitos serios, claros y específicos, que están directamente relacionados al avance de Su reino en la tierra:

1. La formación y edificación del carácter cristiano

Nadie puede cambiar su carácter si se limita sólo a hacerlo en base a sus propias ideas, conceptos filosóficos, esfuerzos personales, reglas, normas, ejercicios o disciplinas. Para que los cambios produzcan efecto en el carácter, necesitamos el poder sobrenatural de Dios. La religión —entendida como el cumplimiento de leyes para agradar a Dios— no puede transformar el interior del hombre; esto sólo lo puede lograr la gracia sobrenatural de Dios. ¿Qué es gracia? Yo defino *gracia* como "el regalo inmerecido del poder sobrenatural de Dios que nos ayuda a hacer lo que no podemos hacer, y ser lo que no podemos ser, en nuestras propias fuerzas o méritos".

La gracia es el poder divino de Dios que nos ayuda a obedecer a Dios y a funcionar como Él.

---

2. El desarrollo de una vida de oración efectiva

Jesús nos enseñó que *"El espíritu a la verdad está dispuesto, pero la carne es débil"* (Mateo 26:41). Así que, si usted desea desarrollar una vida de oración continua por medio de la disciplina, el compromiso y la perseverancia, ésta sólo será posible si usted añade el ingrediente fundamental, que es el poder de Dios. Entonces cuando nuestra carne no quiere buscar a Dios debemos pedir Su gracia, a la cual tenemos acceso por medio de la fe.

3. El cumplimiento de funciones ministeriales y el servicio a Dios

Es imposible servir a Dios efectivamente, si lo hacemos apoyados en nuestro esfuerzo natural. La prédica y la enseñanza del evangelio deben estar ungidas con el poder sobrenatural de Dios. Las palabras, aunque sean bíblicas, no salvarán a nadie si no tienen ese componente. La gente que sirve a Dios, sin poder, termina quemándose espiritual y emocionalmente.

4. La victoria sobre el pecado

Nadie puede vencer el pecado en sus propias fuerzas. Cuando una persona lucha diariamente con pensamientos impuros, ataduras y vicios, tratando de superarlos a través de disciplinas o ejercicios espirituales que no tienen poder alguno, terminará arrastrado por la maldad. El pecado ya fue vencido por Jesús en la cruz del Calvario; allí nos fue dado el poder para que vivamos una vida limpia y pura. Por consiguiente, el pecado no tiene ningún dominio sobre nosotros sino que nosotros tenemos dominio sobre él, a través de la transferencia de poder que Jesús efectuó en la cruz.

5. La derrota de Satanás y sus demonios

Todos necesitamos el poder sobrenatural de Dios para vencer a Satanás y a sus demonios, porque estamos en guerra espiritual. La gente no se da cuenta que existe un mundo espiritual real donde hay dos reinos en conflicto: el reino de Dios y el reino de las tinieblas, y que nosotros estamos en medio del combate. Jesús ya venció al diablo en la cruz, pero los creyentes tenemos que hacer cumplir esa victoria en la tierra.

6. Un corazón obediente

Porque no osaría hablar sino de lo que Cristo ha hecho por medio de mí para la obediencia de los gentiles, con la palabra y con las obras. (Romanos 15:18)

Enseñar la Palabra sin que sucedan milagros no es demasiado excitante ni provoca cambios radicales; sin embargo, cuando hay demostraciones de milagros, señales y prodigios, la gente cambia en poco tiempo. A veces tratamos de llegar al corazón de la gente por medio de consejería, disciplina y cuidado pastoral —y entiéndase que todo esto es bueno y tiene su momento, yo mismo lo práctico en el ministerio—, pero cuando los milagros ocurren, apelan al espíritu. Usted puede razonar con la gente sólo hasta cierto punto; sin embargo, su interior sólo será impactado por medio del poder sobrenatural de Dios.

7. Lograr mayores resultados en un tiempo mínimo

> *Y constituyeron ancianos en cada iglesia, y habiendo orado con ayunos, los encomendaron al Señor en quien habían creído.* (Hechos 14:23)

Yo calculo que los apóstoles lograron esto en aproximadamente seis meses. ¿En cuánto lugares podemos ver eso hoy? A algunos ministerios les toma entre tres y diez años formar ancianos, ministros y pastores. ¿Funcionaba en ese tiempo algo que no vemos hoy en la iglesia? ¡Claro que sí! El poder de Dios se manifestaba y todos lo veían. Cuando el poder de Dios está presente, produce una atmósfera sobrenatural y el Espíritu Santo transforma y libera a la gente que por mucho tiempo estuvo yendo a la iglesia sin lograr un cambio real.

Una de mis editoras vivió lo que estoy explicando. Ella vino de otro país, cristiana de toda la vida, pero cuando llegó al ministerio tuvo la sensación de no saber nada. Se preguntaba, una y otra vez: *¿Dónde estuve todos estos años?* En aquel tiempo teníamos tres servicios los domingos y uno el jueves, y en todos la veía sentada escuchando la revelación de la Palabra y recibiendo la impartición. Ella nunca había recibido eso. En un año creció, maduró y aprendió más que en los 25 años que llevaba de cristiana. Le costaba testificar de Jesús porque no sabía qué responder ante las preguntas de los inconversos. Hoy testifica sin temor porque no sólo adquirió conocimiento revelado, sino que el poder de Dios respalda su testimonio; ella ha sido transformada. Ahora es útil en el reino y su vida hace una diferencia en los demás.

Un mensaje lleno del poder de Dios,
puede hacernos avanzar en minutos,
lo que nos hubiera tomado años en lo natural.

---

8. Ser testigos efectivos de Jesús

Pero recibiréis poder, cuando haya venido sobre vosotros el Espíritu Santo, y me seréis testigos....

(Hechos 1:8)

Éste es uno de los propósitos más importantes por los cuales Dios nos ungió con Su poder: ser testigos del poder sobrenatural de Jesús. Un testigo es alguien que presencia o adquiere conocimiento directo de una cosa, y que es capaz de presentar evidencias, hablar y dar fe sobre lo que ha visto y oído. La mente humana es incapaz de producir evidencias sobrenaturales; sólo el poder de Dios puede hacerlo.

Fuimos hechos como Dios para hacer lo que Él hace.

Dios nos creó a su imagen y semejanza. Somos Sus representantes en la tierra, haciendo lo mismo que Él hizo. Hacer menos sería un insulto para Él. ¿Cuándo recibimos el poder para hacer lo mismo que Dios hace? Cuando somos bautizados o llenos del Espíritu Santo.

Pero recibiréis poder, cuando haya venido sobre vosotros el Espíritu Santo, y me seréis testigos en Jerusalén, en toda Judea, en Samaria, y hasta lo último de la tierra.

(Hechos 1:8)

Hasta aquí podríamos resumir diciendo que, los principales propósitos por los cuales recibimos el poder sobrenatural de Dios son: formar nuestro carácter, llevar una auténtica vida de oración, servir a Dios, vencer el pecado, derrotar a Satanás, desarrollar un corazón obediente, lograr más en menos tiempo y ser testigos efectivos de Jesús. Con todo, nosotros somos quienes debemos tomar la decisión, comprometernos y llevar Su poder a la acción. Si tomamos la decisión acertada Dios nos respalda, nos da Su poder y Su gracia para salir victoriosos.

Condiciones para ser llenos del Espíritu Santo

Bíblicamente, hay tres condiciones para ser llenos con el Espíritu Santo y operar en el poder sobrenatural de Dios:

*He aquí, yo enviaré la promesa de mi Padre sobre vosotros; pero **quedaos** vosotros en la ciudad de Jerusalén, hasta que seáis **investidos** de **poder** desde lo alto.* (Lucas 24:49, se añadío énfasis)

- Quedaos
- Investidos
- Poder

En el verso anterior Jesús incluye estas tres palabras. Así, les da la revelación a los discípulos para que, en Su nombre, vayan a manifestar el poder de Dios a toda criatura, y continúen Su ministerio sobre la tierra. Esa misma misión es necesaria que sea cumplida hoy por cada uno de nosotros los creyentes. Pero, analicemos en detalle cada palabra:

Quedaos

Quedaos es la palabra griega *katitzo,* que significa permanecer, perdurar y persistir. Esto va más allá de sólo *esperar;* no es *permanecer* en el sentido de quedarse quieto, sin hacer nada. El significado de esta palabra está íntimamente conectado a un grado de autoridad. *Quedaos,* podemos definirla como: permanecer sentados cómodamente en un trono, a gusto, sintiéndonos dueños, en una actitud de descanso, con un sentido de pertenencia, con el propósito de ejercer autoridad para reinar y gobernar.

Pero Dios...juntamente con él nos resucitó, y asimismo nos hizo sentar en los lugares celestiales con Cristo Jesús. (Efesios 2:4, 6)

Por tanto, debemos permanecer sentados confortablemente en el trono —nuestro trono de autoridad por medio de Cristo—, con sentido de pertenencia y propiedad, con el propósito de ejercitar autoridad para reinar y gobernar. En pocas palabras, Jesús les dice a Sus discípulos: "No se vayan, *quédense*, hasta que aprendan a *sentarse* cómodamente en un trono, desde el cual van a gobernar". Entonces Él les dio ese poder y autoridad.

He identificado tres razones por las cuales Jesús nos llama a sentarnos en un trono:

- Para gobernar en el mundo político con autoridad (Mateo 19:28)

- Para gobernar en el mundo legal y judicial (Juan 19:13)

- Para gobernar en el mundo espiritual (Mateo 23:2)

La frase "sentarse en el trono" debemos aplicarla de forma similar a como es usada en la cita que nos enseña que Cristo está sentado a la diestra del Padre. (Vea Colosenses 3:1, Marcos 16:19, Lucas 20:42 y Salmos 110:1).

> *Dios...asimismo nos hizo sentar en los lugares celestiales con Cristo Jesús.*   (Efesios 2:4, 6)

Cuando Jesús enseñaba lo hacía sentado en el trono de Dios y hablaba las palabras del Padre; por eso enseñaba con autoridad. Nosotros tenemos que aprender a hacer lo mismo. De hoy en adelante, cada vez que usted hable, enseñe o predique, aprenda a sentarse en el trono de autoridad; de esta manera tendrá el respaldo de Dios. El propósito de la resurrección de Jesús fue ascender al cielo para sentarse en el trono y desde allí enviarnos al Espíritu Santo. Ahora nos toca a nosotros, como cuerpo, sentarnos en el trono y ejercer dicha autoridad.

Investidos

Investido es la traducción del griego *endúo* que significa, sumergirse en tinta; es hundirse por completo, ser totalmente recubierto por una sustancia que no se puede quitar y pasa a ser inseparablemente suya. También da la idea de vestirse o enfundarse en ropa que viene a ser como una segunda piel, que no puede quitársela. Eso es lo que hace la unción del Espíritu

Santo. Si usted se inviste del Cristo resucitado, ambos son uno y Él le dará un color propio a su personalidad.

> Sino **vestíos** del Señor Jesucristo, y no proveáis para los deseos de la carne.
> (Romanos 13:14, se añadío énfasis)

> **Vestíos** de toda la armadura de Dios, para que podáis estar firmes contra las asechanzas del diablo.
> (Efesios 6:11, se añadío énfasis)

¿Se ha vestido con toda la armadura de Dios?

> H.habiéndoos despojado del viejo hombre con sus hechos, y **revestido** del nuevo, el cual conforme a la imagen del que lo creó se va renovando hasta el conocimiento pleno.   (Colosenses 3:9–10, se añadío énfasis)

¿Se ha vestido del "nuevo hombre"?

La idea de la palabra *investir* es que usted se sumerja por completo hasta quedar totalmente cubierto; usted y el elemento en que se sumerge pasan a ser inseparables, una sola cosa indesligable.

No es como un traje ceremonial, que se lo pone y luego se la quita. No, ésta es una vestidura permanente. No es como cuando usted se gradúa y se pone la bata negra, sonríe para la foto y arroja el gorro al aire; pero después de la ceremonia nunca vuelve a usar esa bata; la usa sólo un momento y nunca más. Esto último es una figura de un creyente sin compromiso, que va a la iglesia el domingo, se pone el traje de rey y sacerdote, recibe la unción del Espíritu Santo, pero una vez que se aleja del templo ni siquiera es capaz de reprender un catarro. Por el contrario, un creyente comprometido, una vez que se *queda* es *investido* con el *poder* de Dios.

Poder

En griego se usan varias palabras para expresar "poder": *dúnamai, dúnamis, dunamóo, dunástes, dunatéo, dunatós*. Veamos tres de sus principales significados:

- **Poderoso (*dúnamai*)**

La palabra *dúnamai* es usada con frecuencia para hablar de Dios y todo lo que Él puede hacer. Sin embargo, en el Nuevo Testamento también es usada para describir lo que nosotros —los que creemos en Él—, podemos hacer. Es decir, la Palabra pone a Dios y a Su pueblo en la misma categoría; claro, después que el Espíritu Santo nos ha investido con Su poder. Con esto no quiero decir que somos dioses o igual a Dios; sino que, cuando nos imparte Su poder y Su gracia, podemos hacer lo mismo que Él hace.

Esta palabra denota la fuerte habilidad para hacer algo o para llevar a cabo una tarea. Significa estar física y mentalmente apto para hacerlo, tener las habilidades naturales y lógicas para hacerlo.

Filipenses 4:13 dice: "*Todo lo puedo [isjúo] en Cristo que me fortalece [dunamóo]*". Aquí hay dos palabras usadas para expresar "poder". *Isjúo* significa "tener un poder que se evidencia con hechos extraordinarios". Si hiciéramos una traducción literal del verso de Filipenses, diríamos: "Yo estoy poderosamente equipado para realizar hechos extraordinarios a través de Cristo quien me da el poder".

¿Habrá algo específico en su vida que usted ha sentido que debería poder hacer, pero no ha podido? Si es así, hoy, por medio de la revelación que viene del Espíritu, Dios le asegura que usted tiene todo el poder para hacerlo, en Él.

- **Capaz (*dúnamai*)**

Esta palabra se usa 75 veces en la Biblia y también significa poderosamente capaz, tener suficiente poder, capacidad y recursos para cumplir lo deseado; una persona marcada por la inteligencia, conocimiento y capacidad; alguien que es altamente competente. Dios es capaz, "*dúnamai*".

Ahora a él quien, por (en consecuencia de) el [acción de su] poder [*dúnamai*] que obra dentro de nosotros, es capaz [*dúnamai*] de [completar su propósito y] hacer sobreabundantemente, más y por encima de todo lo que nosotros [osamos] pedir o pensar [infinitamente más allá de nuestras oraciones, deseos, pensamientos, esperanzas o sueños más altos].

(Efesios 3:20, traducido de la *Biblia Amplificada*)

- **Posible (*dunatós*)**

Nuevamente encontramos 15 veces la misma palabra del vocablo griego. Significa estar dentro de los límites de la habilidad, capacidad o realización; es la posibilidad de conseguir o hacer; expresa que algo puede ocurrir de acuerdo con la naturaleza, tradición o costumbre. Es algo factible, que sí puede suceder, que puede ser; algo que puede tener lo potencialmente indicado.

Y mirándolos Jesús, les dijo: Para los hombres esto es imposible; mas para Dios todo es posible [dunatós].
(Mateo 19:26)

Todas las cosas son *"dunatós"* para aquel que cree.

Jesús le dijo: Si puedes creer, al que cree todo le es posible [dunatós]. (Marcos 9:23)

La palabra *poder* aparece cientos de veces en la Escritura, dando la connotación de poder explosivo y habilidad.

- *Poder*, como habilidad, aparece 95 veces vinculadas a Dios y 95 veces vinculadas al creyente.

- *Poder*, como capacidad, aparece 78 veces relativas a Dios (Dios es capaz) y 78 veces relativas al creyente (yo soy capaz).

- *Poder*, como posibilidad, aparece 15 veces refiriéndose a algo que es posible para Dios y 15 veces refiriéndose a algo posible para nosotros.

- *Fortalecido*, aparece 16 veces declarando que somos tan fuertes como Dios, con Su fortaleza.

- *Poderosamente fuerte*, aparece 2 veces declarando que Dios es poderoso y 2 veces declarando lo poderosos que somos en Él.

Si vamos al Nuevo Testamento, encontramos un enorme grupo de palabras del griego, todas derivadas de la misma raíz, presentadas en diferentes contextos; pero todas —la mayoría de veces—, son traducidas como poder, dominio, fuerza, facultad, dominio y energía.

En resumen, Jesús les dijo a Sus discípulos y nos dice a nosotros también: "quédense hasta que el poder sea parte de ustedes, hasta que forme parte de su piel, hasta que sean inseparables". Mañana cuando vaya al trabajo o al negocio, vaya con vestiduras reales. Tome autoridad, declare la Palabra, y cuando el enemigo intente atacar su salud o sus finanzas, recuerde que tiene el poder del cielo a su disposición.

El poder de Dios es evidente en el siguiente testimonio: En cierta oportunidad, me encontraba saludando a un grupo de personas al final de un servicio en la iglesia, cuando una hermana se me acercó diciendo que los médicos le habían diagnosticado que tenía el esófago destruido, por lo que necesitaban operarla con extrema urgencia. En ese instante sólo le di un abrazo y le dije que Dios la amaba; no hice una oración larga, más bien fue algo sencillo. Grande fue la sorpresa de los médicos, incluso de ella misma, cuando le hicieron los exámenes previos a la operación. Los galenos encontraron que no había rasgos de enfermedad alguna; la mujer estaba completamente sana. Así que le dieron de alta, ya que no había necesidad de operarla ni de reconstruir órganos en su cuerpo.

Dios le había dado a esta mujer el milagro creativo de un nuevo esófago. No fui yo quien la sanó. El poder de Dios lo hizo, y se transfirió a ella por medio de un acto de amor: un abrazo y una oración. Eso fue todo lo que le tomó a ella recibir sanidad. Cada uno de mis discípulos en el ministerio está entrenado y equipado para caminar bajo la misma unción. Indudablemente hay que pagar un precio —el precio del sacrificio, santidad, obediencia, amor al prójimo y entrega total a Dios—, a fin de que ese manto sea activado en usted. Dios quiere y puede hacer lo mismo a través de usted. ¿Está usted dispuesto?

En la Biblia, Jesús envía a Sus discípulos con poder

Y yendo, predicad, diciendo: El reino de los cielos se ha acercado. Sanad enfermos, limpiad leprosos, resucitad muertos, echad fuera demonios; de gracia recibisteis, dad de gracia. (Mateo 10:7–8)

Hoy, Jesús nos envía a nosotros, los creyentes, en el mismo poder

Y estas señales seguirán a los que creen: En mi nombre echarán fuera demonios; hablarán nuevas lenguas. (Marcos 16:17)

Dios es Dios en todo lugar. He predicado en más de cuarenta países y en todo lugar Él ha hecho las mismas obras. Nunca ha fallado. Pero no lo ha hecho porque yo sea un hombre especial. Él también quiere y está dispuesto a hacerlo a través de usted. Dios quiere que a usted se le revele que fue creado a Su imagen y semejanza, y que puede hacer lo mismo que Él hizo. Todo lo que necesita es mantener una relación íntima con el Padre, recibir la llenura del Espíritu Santo y tomar la decisión de ir a predicar a todas partes. Cuando lo haga, Dios le confirmará Su Palabra.

Mi experiencia personal con el poder sobrenatural de Dios

Sordomudos

Durante un servicio en la iglesia, bajé del púlpito y comencé a caminar por los pasillos del templo. Al hacerlo, el Señor me mostró que había una persona a mi derecha que Él quería sanar. Yo no sabía exactamente quién era. Todo lo que yo sabía era que esa persona era sordomuda. Así que cuando hice el llamado, alguien ayudó a pasar al altar a una joven mujer, nicaragüense, de 21 años. Era sordomuda de nacimiento. Apenas oré por ella, sus oídos fueron abiertos y su lengua fue desatada al instante. El milagro causó verdadero impacto, ya que la joven jamás antes había oído ni hablado; sólo se comunicaba por medio de señas. Fue tan poderoso lo que Dios hizo que le pedí a la mujer que viniera a dar su testimonio a la televisión. Cuando vino, unos días más tarde, su testimonio fue supremamente impactante, porque ya no solamente articulaba palabras sueltas, sino que tenía un lenguaje fluido, que impactó a la comunidad. ¡Ese el poder sobrenatural de Dios!

En otra ocasión, durante un servicio de Sanidad y Milagros, Dios me urgió a orar por los sordomudos y yo obedecí. Muchos fueron sanados al instante, otros comenzaron el proceso de oír y hablar por primera vez en su vida.

Ese día trajeron a la iglesia a un joven afroamericano de 28 años. Era sordomudo de nacimiento y vivía como desamparado, en uno de los sectores más terribles de Miami. Ese joven recibió su milagro y al instante le fue devuelta el habla y el oído. Fue impresionante ver el gozo en su rostro, su sonrisa, sus gestos de alegría, su cara de sorpresa, sus manos aplaudiendo. Dios se glorificó en su vida y derramó todo su amor sobre él. Sin duda, su vida cambió. ¡Su sanidad fue total y absoluta! Ese día, el joven salió saltando, oyendo y hablando las maravillas que Dios había hecho en su vida. La mejor parte de este testimonio es que los mismos milagros continúan sucediendo dondequiera que predico Su Palabra. ¡Dios también quiere hacer milagros en la vida suya, hoy!

Ciegos

Durante un servicio de Sanidad y Milagros en la iglesia, el Espíritu de Dios me guió a orar por las personas ciegas. Había entre la multitud una mujer de veintidós años, que había nacido ciega de su ojo derecho. Cuando el poder de Dios vino sobre la congregación y declaré la Palabra, ella fue tocada por Dios y sanada en el acto, de manera sobrenatural. Al instante, su vista fue despejada. Lo que no pudieron lograr los médicos en 22 años, Dios lo hizo en un instante. Cuando ella se dio cuenta que estaba viendo bien, salió corriendo hacia el altar a dar su testimonio. Tras ser examinada por los médicos, se comprobó el milagro. El Señor la sanó para glorificar Su santo nombre y mostrarnos que Él sigue sanando hoy, y lo hará por siempre. Ese día la mujer se fue feliz y contenta, sabiendo que Dios le había concedido el deseo de su corazón: poder ver con sus dos ojos.

Paralíticos

El personaje de este testimonio tenía sólo 25 años cuando vivió una de las experiencias más espeluznantes de su vida. Un terrible accidente automovilístico lo postró en la cama de un hospital, donde los médicos le pronosticaron apenas 4 por ciento de probabilidades de vida. Para hacer más dramático el caso, aseguraban los doctores que si el muchacho resistía, había un 87 por ciento de posibilidades que quedara paralítico para siempre. En la iglesia, constantemente entreno al pueblo para que al orar sepa echar mano de las promesas de Dios que están escritas en la Biblia, y para que conozca cómo desatar el poder de la cruz, cuando le toque enfrentar las circunstancias adversas que plantea la vida. Tomando estos principios, al lado de la cama de hospital, la madre del muchacho oró con poder, autoridad y denuedo, y reclamó en el mundo espiritual lo que Dios tenía para su hijo. ¡El milagro ocurrió! Contra todos los pronósticos, el muchacho se aferró a la vida y a las pocas semanas comenzó un proceso de rehabilitación. Hoy, varios meses después, el muchacho no sólo está vivo, sino que camina normalmente y no se notan en él secuelas del accidente. Su familia y amigos no salen del asombro al ver el poder sobrenatural de Dios obrando en la vida de este varón. Durante el proceso de sanidad, el Señor fue preparándolo para que pueda impartir a otros lo que recibió durante la experiencia. Dios nunca nos da algo para que permanezcamos inmóviles; Él siempre requiere que nosotros hagamos algo por los demás; que demos pasos de fe. La mamá del joven recibió la unción de sanidad que yo impartí sobre su vida y oró por su hijo; ahora el joven está listo para hacer lo mismo por otras personas.

Expulsión de demonios

Durante uno de los servicios de Sanidad Interior y Liberación que ministramos regularmente en nuestra iglesia, conocí el caso de una joven de 21 años. Ella se encontraba atada a múltiples adicciones, las cuales controlaban su vida. Había hecho todo lo humanamente posible por apartarse del vicio de la marihuana y el alcohol. Seriamente había intentado dejarlos una y otra vez sin éxito alguno. Además, durante años había permanecido sumida en profunda depresión, producto de la muerte de su hermano. Como consecuencia de todo esto, sus calificaciones en la escuela eran de lo peor y su vida un desastre. Hasta que alguien la invitó a ir a nuestra iglesia. Ese día, yo le ministré liberación, eché fuera todo espíritu de adicción a las drogas, todo espíritu de alcoholismo, de soledad, rechazo, depresión y luto. La llevé a perdonar, a renunciar a su vida anterior y romper toda ligadura con su pasado. Dios la liberó de todas sus ataduras y sanó su alma. ¡Jesús hizo el milagro! Hoy su vida ha cambiado por completo. Ahora es una estudiante premiada, una joven feliz y líder de Casa de Paz, cuyo testimonio sirve para inspirar a otros jóvenes. ¡Dios es el único que libera y cambia nuestras vidas!

Resurrección de muertos

En medio de una multitudinaria cruzada de Sanidad y Milagros, en un estadio de fútbol en Honduras, donde se habían congregado más de 50.000 personas, una mujer embarazada subió a la plataforma acompañada de su doctora. La mujer lloraba desesperada, sin hallar consuelo. La razón de su desesperación, era que la criatura que llevaba en su vientre había sido declarada clínicamente muerta unos días antes. La conmovida doctora certificaba que el bebé ya estaba muerto cuando llegaron a la cruzada, por lo tanto había ordenado hacerle urgentemente un legrado (curetaje o raspado de las paredes del útero). La vida de la madre corría peligro si el bebé muerto permanecía en el vientre. Sin embargo, la fe de la embarazada era mayor que todas las circunstancias y contradecía la opinión médica, por lo que decidió tomar el riesgo de esperar e ir a la cruzada a buscar un milagro de Dios. Ella lo creyó, la doctora la acompañó, y yo creí con ellas. Así que oré por la mujer, y ¡Dios lo hizo! Casi al instante el bebé comenzó a moverse en su vientre. La misma asombrada doctora certificaba unos minutos después: "¡Dios lo resucitó! ¡Está vivo! ¡Está vivo!", era el grito de victoria que la madre repetía una y otra vez. Dice la Palabra que no hay nada imposible para Dios. ¡Es asombroso! ¡Dios la resucitó!

Cómo moverse en el poder sobrenatural de Dios

1. Tenemos que conectarnos con Jesús, la única fuente de poder correcta.

Jesús le dijo: Yo soy el camino, y la verdad, y la vida; nadie viene al Padre, sino por mí. (Juan 14:6)

¿Acaso existe otra fuente de poder sobrenatural que es incorrecta? La generación de este tiempo está tomando caminos equivocados; unos eligen la adivinación, la masonería o la magia; otros prefieren ocultismo, yoga, hechicería, astrología, horóscopo, astrología, hipnotismo, tarot, telepatía, control mental, nueva era, metafísica, parapsicología y levitación; algunos optan por la medicina alternativa, acupuntura, proyección astral, santería, reencarnación; también hay quienes prefieren el Budismo, Islamismo, Hinduismo, Hare Krishna, Rosacruz, etcétera; otros más buscan poder sobrenatural en las drogas, la fama, el dinero, el prestigio y la posición social. Todas estas son fuentes de poder erróneas y quienes las practican terminan destruidos; por eso es imperativo tomar la decisión de conectarnos con Jesús, el hijo de Dios, quien murió y resucitó y ahora está sentado a la diestra del Padre con todo poder, autoridad y gloria. Jesús es el único que no ha cambiado, Él está vivo, es real y es el mismo de ayer, hoy y por los siglos. Él sigue haciendo milagros, señales y maravillas; continúa salvando y transformando a la humanidad. Jesús sólo está esperando que usted se conecte con Él.

2. Tenemos que cambiar de mentalidad.

La renovación de la mente es para tener la misma perspectiva de Dios y traer la realidad del cielo a la tierra. Una mente no renovada no puede manifestar la realidad de ese poder en la tierra. Cuando renovamos la mente, estamos trayendo la realidad de otro mundo a la tierra y tenemos una experiencia con la voluntad de Dios.

3. Debemos aprender a fluir en la compasión y en el poder.

La compasión es un dolor en las entrañas motivado por el dolor ajeno, el cual no nos paraliza sino que nos impulsa a actuar, a hacer algo por la persona que sufre. Este principio era el que movía a Jesús en Su ministerio.

La compasión sin poder es sólo simpatía;
el poder sin compasión es mero profesionalismo.

La compasión que sentía Jesús le dio la unción para recibir el poder, y lo motivó a tomar acción con el fin de destruir las obras del diablo. Algunos hemos recibido Su poder antes de entrar en Su nivel de compasión. Debemos pedirle al Señor que junto a la compasión nos dé Su poder para evangelizar, sanar enfermos y libertar a los cautivos. El poder no es para nosotros, sino que debemos usarlo para bendecir a otros.

La simpatía es una imitación de la compasión.

Como veremos en el siguiente testimonio, hemos sido escogidos y ungidos con poder, para manifestarlo en esta generación.

Uno de los ministros del grupo de jóvenes de nuestra iglesia conducía por la ciudad buscando almas para Cristo. Iba acompañado de un grupo de jóvenes, cuando de pronto Dios le mostró en visión a un hombre con pantalones cortos de color rojo. Al parar en una tienda "quick stop" se encontraron a 3 hombres afroamericanos y uno de ellos tenía los pantalones cortos rojos. A medida que les presentaba el evangelio, el Señor le mostró que uno de ellos tenía problemas en la rodilla, y el otro sufría de asma, lo cual ellos confirmaron. Entonces el ministro les dijo: "Antes que confiesen a Jesús como su Señor y salvador, Él quiere mostrarles Su amor y Su poder". Dicho esto, impuso las manos en la rodilla de uno, y declaró libre de asma a aquel que la padecía. Había apenas terminado de orar cuando uno comenzó a gritar ¡el dolor de rodilla se fue! mientras el otro miraba a su compañero impresionado y gritaba ¡puedo respirar bien! ¡No tengo asma! Para confirmar las sanidades, el ministro los invitó a que corrieran. El que tenía problemas en sus rodillas, arrancó a correr a toda velocidad, sin dolor, y dijo estar en prefectas condiciones. Por su parte, el que había tenido asma, ahora respiraba bien, ni siquiera se le notaba agitado. ¡Dios sanó a los dos y los tres recibieron la salvación, para la gloria de Dios!

Resumen

- Los propósitos y áreas en que necesitamos el poder de Dios son: el carácter, la oración, el ministerio, el servicio a Dios; para obtener victoria sobre el pecado, para derrotar a Satanás, para producir un corazón obediente, para lograr mejores resultados en menos tiempo, y para ser testigos de Jesús.

- Las 3 condiciones que Jesús pidió a Sus discípulos y nos pide a nosotros, a fin de movernos en Su poder sobrenatural son: quedaos, investidos y poder.

- Los significados más importantes del poder son: habilidad, capacidad y posibilidad. Todo lo que Dios puede y es capaz de hacer, nosotros también podemos lograr, y todo lo que es posible para Dios es posible para nosotros.

- Los requisitos para hacer lo que Dios hace son: tener una relación con Él y ser llenos del Espíritu Santo.

- Los 3 pasos para movernos en el poder sobrenatural son: conectarnos a Jesús —la fuente correcta de poder sobrenatural—, tener un cambio de mentalidad y fluir en Su compasión.

4

Jesús y la cruz, la única fuente legal de poder sobrenatural

nteriormente dije que esta generación está buscando el poder en las fuentes equivocadas porque no ha conocido la revelación de la cruz. Considero de extrema importancia que entendamos lo que allí fue desatado: fuimos redimidos del pecado, se le infligió una derrota irrevocable al diablo, fuimos sanados de nuestras enfermedades y tantos otros beneficios que nos da la cruz. ¿Cómo apropiarnos de ellos? ¿Qué sucede cuando predicamos el mensaje de la cruz? Para gran parte de la humanidad, la cruz es un simple trozo de metal que se lleva colgado al cuello, o un madero pesado izado en una iglesia. Sin embargo, la cruz simboliza todo lo que Jesús hizo para cumplir la voluntad de Dios en la tierra y consumar Su obra redentora.

La muerte de Jesús se puede dividir en tres partes:

- La tortura física y la muerte en la cruz
- La muerte espiritual
- La resurrección

La tortura física y la muerte en la cruz

Jesucristo fue crucificado. *Crucificar* es una palabra que proviene del latín y significa, fijar, clavar en una cruz; era la pena capital ejecutada mediante la fijación del reo a un madero. La costumbre de la crucifixión probablemente comenzó entre los

Medo-Persas y fue Alejandro Magno quien la introdujo en Egipto y Cartago. Los romanos parecen haberla aprendido de los cartagineses, aunque fueron ellos quienes perfeccionaron esta forma de tortura y pena capital diseñada para producir una muerte lenta con un máximo de sufrimiento físico y emocional. Era uno de los más humillantes y crueles métodos de ejecución, y estaba reservado para esclavos, homicidas, traidores y los criminales más viles. La ley protegía a los ciudadanos romanos de la crucifixión, excepto en el caso que un soldado desertara del ejército. Para los judíos un crucificado caía bajo maldición.

> *Si alguno hubiere cometido algún crimen digno de muerte, y lo hiciereis morir, y lo colgareis en un madero.* (Deuteronomio 21:22)

Algunos puntos específicos que contribuyeron a la muerte física de Jesús:

- **Fue azotado.**

En la época de Jesús, el azote era un instrumento de castigo compuesto por varias correas de cuero trenzado, cuyos extremos terminaban en varias bolitas o puntas de plomo, con trozos agudos de hueso o dientes de oveja afilados. Para imponer el castigo, el reo era desvestido y amarrado a un pilar. Los azotes caían sobre la espalda, el torso, los glúteos y las piernas. La severidad de los azotes dependía de la parte del cuerpo donde caían; la intención era debilitar a la víctima hasta dejarla al borde del colapso o de la muerte. Por costumbre, la sanción iba acompañada del escarnio y la burla de los verdugos. Con cada latigazo que recibía la víctima, las bolas de plomo causaban contusiones profundas, mientras los afilados dientes laceraban la piel y dañaban los tejidos subcutáneos. A medida que continuaba la tortura, los cortes eran más profundos y los músculos esqueléticos eran atrofiados al ser arrancados pedazos de carne sangrienta. El dolor extremo y la pérdida abundante de sangre contribuyeron a una muerte rápida en la cruz, debido a un goipe circulatorio.

- **Mesaron Su barba.**

Arrancarle el cabello o la barba es el mayor insulto que se le puede proferir a un hombre en Oriente, ya que en esas culturas la barba destaca tanto la virilidad como la dignidad masculinas. Por esa razón, los judíos la dejaban crecer y se esmeraban en cuidarla, pues Dios había ordenado que los varones no se cortaran la punta de la barba. (Vea Levítico 19:27). Afeitarse la barba o cubrirla era una señal de humillación, pesar o luto. Arrancarle la barba fue, no sólo humillante sino también doloroso para Jesús.

> *Di mi cuerpo a los heridores, y mis mejillas a los que me mesaban la barba; no escondí mi rostro de injurias y de esputos.* (Isaías 50:6)

- **Recibió esputos.**

Para el pueblo judío, escupir en presencia de otro es un insulto, mucho más escupir a alguien; peor aún fue lo que hicieron con Jesús, a quien le escupieron el rostro.

> *Entonces le escupieron en el rostro, y le dieron de puñetazos, y otros le abofeteaban.* (Mateo 26:67)

- **Le pusieron una corona de espinas.**

La corona de espinas era un entretejido de largas y duras espinas que se usaban para encender fogatas. Se cree que la corona no eran solamente tres hileras de espinas, sino que tenía forma de casco, que cubría la cabeza de Jesús desde la nuca hasta la frente.

> *Y los soldados entretejieron una corona de espinas, y la pusieron sobre su cabeza.* (Juan 19:2)

La salud de Jesús

El trabajo de Jesús como carpintero sin duda lo había preparado para los rigores que demandaba su ministerio, que incluía recorrer a pie toda Palestina predicando el evangelio del reino. Podemos decir que la salud de Jesús era buena; no padecía enfermedades ni tenía una constitución débil.

Es razonable suponer que Jesús tenía un buen estado físico antes de emprender su caminata de doce horas —desde las nueve de la noche del jueves hasta las nueve de la mañana del viernes—, cuando después de una noche sin dormir, se vio forzado a caminar 2,5 millas, que equivale a 4 km., yendo y viniendo a través del circuito que va desde Getsemaní y pasa por los lugares donde se realizaron los diversos juicios. Para evaluar la salud de Jesús debemos tener en cuenta el despiadado castigo que recibió después del juicio; sumemos a eso el estrés emocional debido al abandono de Sus discípulos más cercanos; el escarnio sufrido ante el pueblo que pocos días antes lo había aclamado.

Agonía y muerte física sobre la cruz

Como era costumbre de la época, el condenado debía cargar desnudo su propia cruz, desde el poste de los azotes hasta el sitio de la crucifixión, fuera de las murallas de la ciudad. El peso de la cruz completa superaba casi siempre las 300 libras, o 136 kilos, aunque sólo el patíbulo pesaba de 75 a 125 libras, o de 34 a 57 kilos, y era puesto sobre los hombros de la víctima.

La procesión hasta el sitio de la crucifixión era escoltada por la guardia militar romana, encabezada por un centurión —jefe de una centuria—. Uno de los soldados llevaba un letrero en el cual se leía el nombre del condenado y su crimen, que luego se sujetaba a la parte superior de la cruz. La guardia romana no dejaba sola al inculpado hasta asegurarse que estaba muerta. El terrible sufrimiento de Jesús, se debió en parte al intenso dolor causado por los azotes, la corona de espinas, las caídas en el camino, los clavos y la posición incómoda de Su cuerpo sobre el madero, lo cual le dificultaba la respiración. A esto se sumó la deshidratación por la pérdida de sangre y la fiebre, que le producían una sed intolerable. Además, hay que agregar la afrenta que sufrió al verse desnudo ante sus escarnecedores, quienes lo insultaban. En el sitio de la ejecución, por ley, a la víctima se le daba a tomar vino mezclado con mirra, brebaje que servía como suave analgésico, el cual Jesús se rehusó a beber. (Vea Marcos 15:23).

Al momento de la crucifixión, el criminal era lanzado al suelo sobre su espalda, con los brazos extendidos. Allí le amarraban o clavaban las manos al travesaño y los pies al patíbulo. Aparentemente, los romanos preferían clavar las manos. Recientemente, los arqueólogos descubrieron un cuerpo crucificado, encontrado en un osario cerca de la ciudad de Jerusalén, que datan de la época de Jesús. De allí conocemos que los clavos eran trozos de hierro afilado de aproximadamente 7 pulgadas de largo, o 18 centímetros, y un diámetro de casi una pulgada o 2,5 centímetros.

> *He sido derramado como aguas, y todos mis huesos se descoyuntaron; mi corazón fue como cera, derritiéndose en medio de mis entrañas. Como un tiesto se secó mi vigor, y mi lengua se pegó a mi paladar, y me has puesto en el polvo de la muerte.*
> (Salmos 22:14–15)

El exceso de sangre acumulada en el corazón produce obstrucción en la circulación, la cual unida a la fiebre traumática, el tétano y el agotamiento, terminaban por matar a la víctima a muy corto plazo. Para acelerar la muerte del crucificado como regla general se le quebraban las piernas con un martillo; en sustitución, lo traspasaban con una espada o lanza, o bien lo ahogaban con humo. Para los griegos, este tipo de condena era considerada una locura.

> *Quien llevó él mismo nuestros pecados en su cuerpo sobre el madero, para que nosotros, estando muertos a los pecados, vivamos a la justicia; y por cuya herida fuisteis sanados.* (1 Pedro 2:24)

Todo esto Jesús lo padeció en lugar de nosotros, como si fuera el peor criminal, para pagar por nuestros pecados. Cuando leemos el relato bíblico nos damos cuenta del inmenso amor de Dios hacia nosotros; un amor incondicional. Jesús murió para que nosotros fuéramos libres de pecado y de toda condenación. Si alguien tiene duda del amor de Dios, simplemente levante su mirada hacia la cruz y observe el intercambio que, por amor, allí se produjo.

Esta fue la muerte física de Jesús. Ahora veamos Su muerte espiritual.

La muerte espiritual

La muerte física de Jesús, al igual que Su muerte espiritual, ocurrieron en el huerto de Getsemaní. Allí, el Padre proveyó el Cordero a fin de redimir todos los pecados de la raza humana. Jesús fue el Cordero sin mancha y sin contaminación, que ofrendó su vida por la raza humana. En esencia, el Padre le dijo: "Hijo, tienes que cargar con todos los pecados del mundo; Tú eres el Cordero". Nadie puede imaginar cómo el hijo de Dios —puro, santo y sin pecado—, de pronto aceptó recibir sobre Sí mismo toda la inmundicia del mundo. Literalmente, Él se convirtió en el basurero sobre el cual se arrojó toda la porquería del mundo. Por eso, en el huerto, Él exclamó:

Padre mío, si es posible, pase de mí esta copa; pero no sea como yo quiero, sino como tú.

(Mateo 26:39)

Si usted considera que el dolor físico experimentado por Jesús en el Calvario fue horrible, mayor aun fue Su sufrimiento espiritual. Él tuvo que cargar con el concentrado nauseabundo de toda la maldad y la suciedad del pecado humano, de la iniquidad y la maldad humana, acumulados a través de todos los tiempos, edades y generaciones. Él cargó con todos los pecados de resentimiento, homosexualidad, odio, mentira, rechazo, maldiciones generacionales, robo, abortos, asesinatos, abusos sexuales, enfermedades, idolatría, brujería, satanismo, y mucho más. Jesús no sólo se hizo pecado, sino que además fue hecho una raíz de maldad, lo que la Biblia llama, en Romanos 7:18

"naturaleza pecaminosa" (NVI). Él bebió la copa y se estremeció por la oscura y tenebrosa sustancia que contenía. En esa condición subió a la cruz y desde allí clamó: *"Dios mío, Dios mío, ¿por qué me has desamparado?"* (Mateo 27:46).

Por primera y única vez el Padre y el Hijo se separaban, porque la iniquidad del hombre levantó una barrera entre ellos. Ése no fue un momento de comunión con Dios, como los que vivieron algunos mártires de la iglesia cristiana mientras eran apedreados, quemados o devorados por leones; en aquellos casos, la presencia de Dios inundaba su ser y Su gracia les ayudaba a morir en paz. En el caso de Jesús no fue así. Jesús quedó completamente solo, apartado de la presencia del Padre y privado de Su gracia. Por causa de nuestros pecados, el Padre abandonó a Jesús, justo cuando el Hijo más necesitaba a Su Padre. Entender esto debe llevarnos a amar más a Dios y a odiar el pecado tanto como Él lo odia.

> *Cuando Jesús hubo tomado el vinagre, dijo: ¡Consumado es!*
> (Juan 19:30)

En griego, la palabra para *"consumado"* es *tetelestai,* que significa "está finalizado, terminado, completo, pagada la deuda, satisfecha, acabada, cumplida". En otras palabras, Jesús dijo: "Ya no queda deuda, todo ha sido pagado por completo; no existe más deuda por pecados". El grito de Jesús al expirar, no fue un grito de dolor ni de angustia; por el contrario, fue un grito de victoria; como el de un gladiador tras ganar un combate. Al presenciar la muerte de Jesús, a la luz de los Evangelios, podemos percibir lo cruel y horrible que fue. Todo lo que Jesús hizo en la cruz lo hizo por amor a nosotros. Su muerte física y espiritual desató el poder sobrenatural que necesitábamos para ser perdonados, sanados y liberados.

En el mismo instante que Jesús murió, el velo del templo se rasgó, de arriba hacia abajo, significando así que el camino hacia el Lugar Santísimo ahora está abierto. Entonces, las tumbas de muchos de los santos fueron abiertas y comenzaron a caminar por la ciudad.

Después que Jesús entregó Su espíritu y murió, el centurión que permanecía en guardia al pie de la cruz, quedó maravillado al ver que Jesús estaba totalmente a cargo y en control de Su propia ejecución, hasta el punto que escogió el momento de Su muerte. Lo que vio lo dejó asombrado y no le quedó más que arrodillarse y reconocer que Jesús verdaderamente era el hijo de Dios. (Vea Mateo 27:54).

La resurrección

Porque así como tres días y tres noches estuvo Jonás en el vientre de un gran pez, también tres días y tres noches estará el Hijo del hombre en las entrañas de la tierra. (Mateo 12:40)

El pecado y la muerte habían sido derrotados; pero todavía quedaban cosas pendientes. Tal como Jesús había profetizado, tenía que ir al infierno, porque la justicia de Dios así lo demandaba. Allí le quitó las llaves del infierno y de la muerte a Satanás. El aguijón de la muerte no lo pudo retener. Dios el Padre levantó a Jesús de entre los muertos para que se sentara en el trono de gloria. Dios le dio todo poder y autoridad en los cielos y en la tierra. Entonces, Jesús nos dio el mismo poder y la misma autoridad para ir en Su nombre a proclamar el evangelio del reino a todo el mundo.

Pero cuando venga el Espíritu Santo sobre ustedes, recibirán poder y serán mis testigos tanto en Jerusalén como en toda Judea y Samaria, y hasta los confines de la tierra. (Hechos 1:8)

La revelación de la cruz

La cruz es el sacrificio que Jesús ofreció por la raza humana, con todas sus consecuencias y beneficios. La cruz implica dos roles fundamentales para el Hijo de Dios:

- **Jesús es el sacerdote que ofrece el sacrificio.**

  Nos convenía tener un sumo sacerdote así: santo, irreprochable, puro, apartado de los pecadores y exaltado sobre los cielos. que no tiene necesidad cada día, como aquellos sumos sacerdotes, de ofrecer primero sacrificios por sus propios pecados, y luego por los del pueblo; porque esto lo hizo una vez para siempre, ofreciéndose a sí mismo. (Hebreos 7:26–27)

- **Jesús fue el sacrificio.**

  La sangre de machos cabríos y de toros, y las cenizas de una novilla rociadas sobre personas impuras, las santifican de modo que quedan limpias por fuera. ¿Cuánto más la sangre de Cristo, el cual mediante el Espíritu eterno se ofreció a sí mismo sin mancha a Dios...? (Hebreos 9:13–14)

La palabra "*eterno*" significa que supera los límites del tiempo. El evento de la cruz cambió la historia, pero fue más allá. Incluyó el pago de todos los pecados de la raza humana, de todas las edades, de todos los siglos y milenios; del pasado, presente y futuro; incluso los pecados de todos los que aún no han nacido.

La cruz es la base de Dios para una total y absoluta provisión al ser humano.

Todo lo que necesitamos en este tiempo y en el venidero; sea mental, emocional, material, financiero o espiritual; sea poder, autoridad, amor, salud, sanidad, o cualquier otra cosa, ya fue provisto en la cruz. No hay otra fuente. En la iglesia de Cristo se predican muchos mensajes, las librerías están llenas de todo tipo de libros que cubren el espectro total del saber cristiano, y todos ellos son buenos, pero ninguno funcionará si no nos apropiamos del poder de la cruz.

La cruz es la única fuente genuina de poder sobrenatural.

Es tiempo que la iglesia predique el mensaje de la cruz; éste tiene que ser el centro de todo mensaje, debe tener toda nuestra prioridad. No podemos opacar la obra de la cruz como lo hicieron los gálatas. Dios le dijo al pueblo judío al salir de Egipto, que cuando levantara un altar no pusiera nada alrededor, ni árboles ni decoraciones ni otros objetos que separaran a la gente de Su presencia. Este es un ejemplo para nosotros; no podemos rodear el mensaje de la cruz con nada que le robe la atención o le quite supremacía a Jesús. Ninguna religión en el mundo tiene nada que pueda concordar con el mensaje de la cruz.

La cruz, ¿es algo abstracto o una realidad?

Los filósofos hacen especulaciones en lo abstracto, pero el mensaje de la cruz es un acontecimiento real en la historia y en la eternidad. No hay otra posibilidad; es una realidad y una verdad. Es el evento más importante de la historia. Cuando dejamos de poner la cruz en el centro, nuestra fe pierde su significado y terminamos enredados en medio de un montón de tradiciones, regulaciones, legalismos y estatutos, imposibles de obedecer.

¿Qué poder sobrenatural desató Jesús en la cruz?

¡Gálatas torpes!...¿Tan necios sois? ¿Habiendo comenzado por el Espíritu, ahora vais a acabar por la carne? (Gálatas 3:1, 3)

Jesús desató en la cruz la gracia sobrenatural de Dios. La gracia es un regalo inmerecido. Es Su presencia eterna y siempre llena de poder, que nos da la habilidad de ser y hacer todo aquello que no podemos lograr en nuestras propias fuerzas. Cuando actuamos sin la gracia de Dios caemos en legalismo, como les sucedió a los gálatas. Lo mismo ocurre en la iglesia de hoy; por eso no hay poder. ¿Cómo responde el enemigo a la obra de la cruz? Satanás suele contraatacar la obra de Jesús en la cruz del Calvario mediante el espíritu de brujería, que intenta eclipsarla y trae carnalidad, legalismo y paganismo. Éste ha sido siempre un patrón en todas las congregaciones que han recibido el ataque. Sin duda, el legalismo es producto de la carnalidad causada por la brujería.

¿Qué es legalismo?

Legalismo es el intento humano de cumplir la ley en fuerza propia, es tratar de ser santo o justo por medio de guardar reglas, tradiciones y formas. Legalismo es agregar cualquier otra cosa a los requisitos establecidos por Dios para ser justos. Todo lo que Dios nos pide es que creamos, ya que por la fe en Jesús y Su obra en la cruz somos justificados.

> *Cristo nos redimió de la maldición de la ley, hecho por nosotros maldición.*   (Gálatas 3:13)

Cuando una persona confía en sus propias fuerzas para ser salva o para recibir las bendiciones de Dios, automáticamente cae en la maldición de los gálatas.

El legalismo nos lleva a caer en la brujería y la brujería nos lleva a caer en maldición.

Las dos grandes obras de la cruz

• **Lo que la cruz hizo por nosotros**

Consideremos la gran obra de la cruz, perfecta en todo aspecto. La última palabra que Jesús pronunció allí fue, "consumado es", que en otras palabras sería: está perfectamente perfecto, está completamente completo, está hecho en la eternidad. Cuando tenemos revelación de la obra completa y perfecta que Jesús hizo en la cruz, recibimos todos sus beneficios.

- **Lo que la cruz hizo en nosotros**

Una cosa es lo que Cristo hizo en la cruz "por" nosotros y otra es lo que la cruz hace "en" nosotros.

Hoy en día no se enseña la obra que fue diseñada para realizarse por medio de Cristo en la cruz. Muchos problemas provienen de esa falta de entendimiento. Usted no va a disfrutar los beneficios de la cruz a menos que acepte que ésta fue diseñada para realizar un intercambio divino. La esencia de la cruz consiste en que Jesús tomó nuestro lugar, sufrió en carne propia todo castigo que merecía nuestra desobediencia, y a cambio, nosotros recibimos todo lo bueno que Jesús conquistó por Su obediencia. Desde entonces, nuestra búsqueda se enfoca en llegar a convertirnos como Jesús, así como Él vino a ser como nosotros.

El intercambio divino en la cruz

Dios Padre puso sobre Jesús, en la cruz, la iniquidad, la culpa, el castigo, y todas las consecuencias de la rebelión. Entender la revelación de esto es la clave para recibir los beneficios de la cruz. Allí fue ordenado un intercambio divino, donde todo lo malo originado por nuestra rebelión, se pegó a Jesús, fue sobre Él; y todo lo bueno de Él vino sobre nosotros por Su obediencia. Este intercambio se produjo de la siguiente manera:

- **Jesús fue azotado para que nosotros fuéramos perdonados.**

Mas él herido fue por nuestras rebeliones, molido por nuestros pecados. (Isaías 53:5)

- **Jesús llevó nuestras enfermedades y sufrió nuestros dolores para que nosotros fuéramos curados.**

  Ciertamente él cargó con nuestras enfermedades y soportó nuestros dolores, pero nosotros lo consideramos herido, golpeado por Dios, y humillado. Él fue traspasado por nuestras rebeliones, y molido por nuestras iniquidades; sobre él recayó el castigo, precio de nuestra paz, y gracias a sus heridas fuimos sanados.

  (Isaías 53:4–5)

Cuando la Biblia habla de la cruz y la obra que en ella se realizó, la conecta con la enfermedad. Sin embargo, siempre habla en tiempo pasado, indicando que esto ya tuvo lugar en la eternidad; sólo tenemos que apropiarnos de la salud que Cristo nos ofrece.

Para ilustrar mejor esto, veamos lo que le sucedió a un amigo, director de una reconocida universidad cristiana:

En Julio de 2009, a sus 75 años, él viajaba por avión entre San Antonio, Texas, y Reno, Nevada. A 30.000 pies de altura comenzó a sentir fuertes dolores en el pecho y abundante sudoración; entonces en su mente aparece la palabra "aspirina". Le pide a la azafata que le consiga una pastilla, pero en el avión no llevan medicina. Sin embargo, la persona que está sentada atrás de él es una enfermera y le alcanza la pastilla. Un médico que se hallaba sentado un poco más atrás se acerca a atenderlo y con un aparato portátil que llevaba la enfermera empiezan a darle primeros auxilios. Cuando el avión regresa a San Antonio debido a la emergencia, el hombre es llevado directo al quirófano, pero no fue necesario operarlo ya que a bordo del avión había recibido excelente atención. Lo que sufrió fue una "arritmia cardíaca" que pudo haberlo matado en el acto, de no ser por la oportuna intervención del médico y la enfermera que iban a bordo. A ellos, nunca más volvió a verlos, no supo sus nombres ni sus teléfonos. Para mi amigo, fueron un par de ángeles puestos por el Señor para guardar su vida. En octubre del mismo año, a este mismo hombre la alergia no lo deja dormir por lo que diariamente, durante 14 días, tomaba dos Advil a fin de conciliar el sueño. Lo que no sabía es que las pastillas le estaban ocasionado úlceras en el estómago, sin causarle dolor ni molestia alguna. Pero el color de su piel comenzó a cambiar rápidamente. Cuando el médico lo examinó, le dijo, "No sé cómo estoy conversando con usted si sólo tiene 3 de hemoglobina y se supone que con estos números usted debería estar muerto".

A comienzos del 2010, el médico encontró que mi amigo, el director de la universidad, tenía cáncer en la sangre. "¡No lo acepto! ¡Cancelo eso!", le dijo al médico. Luego de varios exámenes y un corto tratamiento, a fines de marzo, el médico muy sorprendido le dijo que estaba muy bien y que sólo lo vería en tres meses. Tras otros exámenes, en julio, el médico le dice, "Está muy bien, excelente; ahora quiero verlo cada seis meses durante un período de dos años, y si todo sigue bien, ya lo suelto". Mi amigo le contestó, "Cuando Jesucristo interviene hace las cosas bien hechas; Él no hace cosas a medias, así que no me preocupa; puede examinarme todas las veces que quiera, que yo sé que Jesús ya me sanó. Para la gloria de Dios, él permanece sano".

En estos tres testimonios que resumimos anteriormente, podemos ver cómo Dios ama a sus hijos.

- **Jesús fue hecho pecado; Él cargó con nuestra naturaleza pecaminosa para que nosotros fuéramos justificados.**

  Al que no conoció pecado, por nosotros lo hizo pecado, para que nosotros fuésemos hechos justicia de Dios en él. (2 Corintios 5:21)

- **Jesús murió nuestra muerte para que nosotros compartiéramos su vida eterna.**

  Pero Dios demuestra su amor por nosotros en esto: en que cuando todavía éramos pecadores, Cristo murió por nosotros. (Romanos 5:8)

- **En la cruz, Cristo llevó la maldición para que nosotros recibiéramos bendición.**

  Cristo nos rescató de la maldición de la ley al hacerse maldición por nosotros, pues está escrito: "Maldito todo el que es colgado de un madero". (Gálatas 3:13, NVI)

  A la luz de esta verdad he visto a tantas personas ser liberadas. Jesús llevó toda maldición para que nosotros recibiéramos toda bendición.

  Una noche de milagros en la iglesia un niño fue sanado de una maldición generacional de astigmatismo y miopía. El niño estaba en la escuela dominical; así que cuando llamé a los niños, él vino corriendo y al instante Dios lo sanó. ¡Qué grandioso es Dios!

- **Cristo pagó nuestra pobreza para que nosotros fuéramos prosperados.**

  Que por amor a vosotros se hizo pobre, siendo rico, para que vosotros con su pobreza fueseis enriquecidos. (2 Corintios 8:9)

- **Cristo sufrió nuestra vergüenza para que compartiéramos Su gloria.**

  Que habiendo de llevar muchos hijos a la gloria.... (Hebreos 2:10)

- **Cristo soportó nuestro rechazo para que fuéramos aceptos en Él.**

  El rechazo es el problema emocional más común en la gente. Miles han sido liberados durante nuestras ministraciones de liberación.

El rechazo es la herida más profunda del alma humana; y Jesús lo llevó a la cruz.

¿Cómo nos apropiamos de los beneficios de la cruz? Por medio de la fe. Por eso nada sustituye el creer y vivir por fe. Debemos confiar en el carácter de Dios y creer que Él es justo, fiel y que cumplirá todo lo que prometió. Hay muchos ejemplos que puedo citar para ilustrar este punto, pero uno que ha impactado mi vida es el de una mujer que creció con espíritu de rechazo, lo que no le permitía dar ni recibir amor. Además, tenía falta de perdón y rencor hacia sus padres. Su madre había viajado a los Estados Unidos en busca de un mejor futuro para su familia, dejándola en su país cuando apenas tenía dos años de nacida. Había quedado al cuidado de su padre, un hombre que lamentablemente no la supo cuidar, debido a problemas de alcoholismo. Es de entender que ante estas circunstancias, lo que menos recibió la niña fue amor. Ese sentimiento de abandono la llevó a refugiarse en el cigarrillo, hasta que ineludiblemente quedó atrapada por el vicio. Un día, ya hecha una mujer, llegó a nuestra iglesia. Allí aceptó a Jesús como su Señor y salvador, y le entregó su vida. Fue entonces cuando Dios comenzó a tratar con ella. El primer paso fue llevarla a perdonar a sus padres y renunciar a toda falta de perdón, luego tuvimos que reprender en ella todo espíritu de rechazo y hacerla libre de la adicción a la nicotina. Fue entonces cuando recién pudo recibir sanidad interior y liberación. Hoy por hoy, esta mujer vive su vida a plenitud, sirve en la iglesia y es una excelente discípula de Cristo.

Por quien también tenemos entrada por la fe a esta gracia. (Romanos 5:2)

¿Cuáles son los beneficios de la cruz?

- **La cruz nos liberó del "viejo hombre".**

Sabiendo esto, que nuestro viejo hombre fue crucificado juntamente con él. (Romanos 6:6)

El *"viejo hombre"* es nuestra antigua naturaleza pecaminosa, adámica, la cual se puede resumir en una sola palabra:

rebeldía. Hay un hecho muy real en cada uno de nosotros, y es que por dentro llevamos un rebelde. Nacimos así, fuimos concebidos y formados en iniquidad, y para vencer ese hombre rebelde la única solución es la ejecución en la cruz, la cual ya tomó lugar en Cristo Jesús. Éste es un hecho histórico, real; nada lo puede cambiar. Sabiendo esto y creyéndolo entonces seremos libres.

• **La cruz nos liberó del ego.**

El ego es la parte del alma donde se encuentra alojado lo que "yo siento", lo que "yo quiero" y lo que "yo pienso". Mucha gente no se entrega a Cristo por egoísmo; porque tiene miedo de dejar su comodidad, seguridad, familia, dinero, posición o sentido de seguridad.

El ego es el mayor obstáculo para cumplir la voluntad de Dios.

Una manifestación del ego es el egocentrismo o egoísmo. Esto equivale a pensar que Jesús gira alrededor de uno; es creer que somos el centro de atención del mundo y que todos los demás merecen menos aprecio y estima que nosotros. Es creer que Jesús está para agradarlo a uno, cuando en realidad, Jesús no existe para agradarnos a nosotros, sino que nosotros vivimos para agradarlo a Él. Algunas de las manifestaciones de un ego no crucificado son: el orgullo, la ambición personal, el nacionalismo radical, el sectarismo y el racismo. ¿Cuál es el remedio contra el ego? La respuesta es la cruz. Todo ministerio, todo hombre o mujer que no se somete al principio de la cruz corre el peligro de corromperse. Por lo tanto, tenemos que decidir aplicar la cruz a nuestro ego; de lo contrario nos volveremos víctimas del espíritu de brujería, el cual usa al ego para ejercer dominio y señorío a la fuerza.

Una vez que usted ha aplicado la cruz a su ego, Satanás no lo puede tocar. La cruz es el único lugar seguro. Puedo darme cuenta cuando una persona está aplicando la cruz sobre su ego, en que es una persona humilde y quebrantada, cuando habla y cuando actúa. En el polo contrario, existen muchas personas que viven una vida de negación a sí mismas pero al mismo tiempo carecen de poder, porque la religión las ha llevado a buscar la salvación por obras. Una vez más recordemos que, no es a través de nuestro esfuerzo y disciplina que seremos santos sino a través del poder de la gracia desatada en la cruz.

Cuanto más me niego a mí mismo más poder manifiesta Dios a través de mí.

- **La cruz nos liberó de la carne.**

  Y decía a todos: Si alguno quiere venir en pos de mí, niéguese a sí mismo, tome su cruz cada día, y sígame. (Lucas 9:23)

La carne siempre quiere actuar independiente de la voluntad de Dios. Para vivir en la carne, sólo basta con hacer nuestra voluntad. Sin embargo, si aplicamos el poder sobrenatural de Dios sobre la carne, podremos vivir siempre en victoria.

- **La cruz nos liberó del mundo.**

  Pero lejos esté de mí gloriarme, sino en la cruz de nuestro Señor Jesucristo, por quien el mundo me es crucificado a mí, y yo al mundo. (Gálatas 6:14)

La mayoría de los creyentes viven agobiados por el sistema del mundo; por el poder, comodidades, deseos, recompensas, temores y ansiedades. ¿Qué nos recomienda la Biblia? Nos manda a no permitir que el mundo nos meta en su molde. Para evitarlo, debemos desechar la mentalidad mundana y comenzar a renovar nuestra mente, a fin de pensar como Dios piensa. Esto no significa aislarnos de la gente. Dios ama al mundo pero odia su sistema anti-Dios. Tenemos que ir al mundo para ser luz a la gente que permanece con los ojos vendados. Relaciónese con el mundo para llevarle hacia Cristo, no para unirse a lo que ellos hacen.

- ## La cruz nos liberó del poder y la autoridad de Satanás.

y despojando a los principados y a las potestades, los exhibió públicamente, triunfando sobre ellos en la cruz. (Colosenses 2:15)

En la cruz, Cristo le propinó al diablo una derrota total, irrevocable, eterna y permanente. Nada hay que Satanás pueda hacer para cambiar esto; es irreversible; no hay más que hacer. Si entramos en contacto con el enemigo en cualquier otro punto que no sea la cruz vamos a ser derrotados. Pero si lo confrontamos en la cruz, seremos victoriosos. Satanás no puede cambiar la obra de la cruz. Es eterna. Lo que sí puede hacer es camuflarla, oscurecerla; y hacia esa dirección apuntan sus estrategias.

Las batallas son a diario, pero Cristo nos da la victoria, como podemos ver en el siguiente testimonio:

Rescatar y restaurar la vida de jóvenes drogadictos es frecuente en nuestra iglesia. Éste precisamente es el caso de un joven adicto a consumir todo tipo de drogas, práctica que mezclaba con rituales satánicos. Después de participar en estos rituales, caía en terribles ataques de ira, de los cuales hasta él mismo se asustaba. Gracias a Dios, en algún momento de su vida reconoció que necesitaba ayuda, y llegó a nuestra iglesia con la esperanza de ser libre de esa atadura. Mi esposa se hizo cargo de este caso, ministrando día tras día al joven, con pasión y perseverancia, hasta que el poder de Dios lo liberó del cautiverio en el que se hallaba sumergido. ¡Dios lo liberó! En la actualidad, podemos dar fe que ese joven está totalmente liberado. Hoy es un testimonio de servicio incondicional en la iglesia. Es un hombre nuevo. Sin duda, el Señor lo trajo con un propósito. Dios quería que él fuese libre de sus ataduras y le sirviera. Cuando tomamos el camino de la cruz, muchos beneficios adicionales vienen a nosotros. Por ejemplo, liberación, sanidad y libertad de todas las ataduras, incluyendo la pobreza.

¿Qué mensaje debemos predicar para que el poder de Dios se desate?

Pero nosotros predicamos a Cristo crucificado.

(1 Corintios 1:23)

Hoy en día hemos sustituido el mensaje de la cruz por toda clase de mensajes que no transforman ni edifican a las personas; que no son capaces de producir milagros porque carecen de poder. Tenemos que volver a poner el mensaje de la cruz en el lugar que le corresponde. La iglesia necesita conocer esta verdad.

El único mensaje que desata el poder sobrenatural de Dios es el de la cruz.

¿Predica usted a Cristo y a éste crucificado? ¿Por qué no vemos el poder de Dios en nuestra vida o en nuestro ministerio? ¿Por qué no vemos a los enfermos sanarse? ¿Por qué no vemos que los ciegos recuperan la visión? ¿Por qué no vemos que los paralíticos caminan? ¿Por qué no vemos el cáncer secarse y desaparecer? La respuesta es una sola: Porque no predicamos el mensaje correcto, el mensaje de la cruz.

Porque lo insensato de Dios es más sabio que los hombres, y lo débil de Dios es más fuerte que los hombres. (1 Corintios 1:25)

La cruz es la verdadera fuente de sabiduría y poder.

Sin el poder de la cruz podemos tener buena moral, buena ética cristiana, buenas intenciones, y aun predicar buenos sermones, pero no podremos producir cambios ni transformaciones en el corazón de la gente. En cambio, si predicamos el mensaje de la cruz, el cual es Cristo y éste crucificado y resucitado, veremos el poder sobrenatural de Dios confirmado con milagros, señales y maravillas. Jesús murió, resucitó y venció, con todo poder y autoridad, para delegarnos el poder que desató en la cruz, de modo que continuemos Su ministerio en la tierra, expandiendo el reino de Dios por todo el mundo.

Resumen

- La cruz es el sacrificio que Jesús ofreció en favor de la humanidad, con todos sus beneficios y consecuencias.

- La muerte de Jesús se divide en tres: muerte física, muerte espiritual y Su resurrección.

- Jesús fue azotado, su barba mesada, recibió esputos, sufrió una corona de espinas, fue rechazado, juzgado y crucificado.

- Jesús cumplió dos papeles: fue sacerdote y sacrificio.

- La cruz es la base de Dios para proveer una absoluta y total provisión al ser humano.

- La cruz es la única fuente verdadera de poder sobrenatural.

- En la cruz, Jesús desató la gracia sobrenatural de Dios.

- Cuando se deja la gracia se cae en legalismo; éste lleva a la brujería y ésta a la maldición.

- Las dos obras de la cruz son: lo que la cruz hizo "por" nosotros y lo que la cruz hizo "en" nosotros.

- En la cruz hubo un intercambio divino: Jesús llevó todo lo malo que nos pertenecía a nosotros y desató todo lo bueno que le pertenece a Él.

- La fe es la manera de apropiarnos de todos los beneficios de la cruz.

- La cruz nos liberó del ego, la carne, el mundo y el poder de Satanás.

- El único mensaje que desata el poder sobrenatural de Dios es el mensaje de la cruz.

5

La fe: Primera dimensión de lo sobrenatural

Un joven de nuestra congregación tenía 11 años cuando tuvo que vivir el divorcio de sus padres. Aparentemente ellos tenían un matrimonio perfecto, aunque en realidad era sólo una fachada, detrás de la cual se escondía abuso, rechazo y rebeldía. A causa de esto, a los 15 años el joven fue arrestado durante una pelea provocada por el exceso de alcohol. A los 18 años, estando en una fiesta, irrumpió en el local una ganga, y comenzó a golpear a sus amigos; él salió en su defensa y recibió siete puñaladas, por lo que tuvieron que transportarlo al hospital en helicóptero, donde llegó casi muerto.

Camino al hospital, le dijo a Dios: "Señor, sé que le he hecho mucho daño a mi familia, a mis amigos, aún a personas que no conozco; quizá hasta he matado a alguien y merezco lo que me está pasando. Te pido que me perdones". En ese instante pasó algo impresionante; oyó la voz del doctor que le decía: "Estás bien, estás en el hospital". Dios le había dado una nueva oportunidad de vida. Sin embargo, al salir de esa dura prueba, se metió en más problemas. Para sus "amigos", él lo tenía de todo: drogas, mujeres, amigos, pero por dentro, sabía que no tenía nada. Lloraba amargamente porque se sentía vacío; quería cambiar, pero no sabía cómo.

Un día fue invitado a ir a una Casa de Paz. Ahora confiesa que sólo fue "para quitarse de encima" a la persona que le invitaba insistentemente. Allí Dios le comenzó a hablar. Después fue invitado a un servicio para jóvenes, y al ver a los muchachos alabando y llorando pensó en lo ridículos que se veían. Estaba a punto de marcharse de la iglesia, cuando alguien lo tomó de la mano y lo llevó al altar. De pronto y sin entender nada, comenzó a temblar; y oyó al pastor de jóvenes hablándole. "El Señor te dice: 'Sé que tienes dudas de Mí, que no crees'". En los minutos siguientes, alguien que él no conocía le estaba hablando de la relación con sus padres, del rencor que sentía contra su madre, de la relación con una muchacha. Entonces comenzó a llorar como un niño y a pedirle perdón al Señor. En ese momento se rindió ante Jesús. Hoy, su vida ha cambiado radicalmente; es un joven lleno de amor hacia sus padres y Dios ha llenado todo vacío en su vida.

La dimensión sobrenatural es un ámbito eterno, invisible, permanente, que nunca cambia; donde todas las cosas son y están completas. Es un perenne "ahora", al cual sólo se puede acceder por medio de la fe. Si queremos conocer y movernos en lo sobrenatural, necesitamos que las tres dimensiones que lo componen nos sean reveladas; pero además, que podamos entenderlas. Ellas son fundamentales para tener entrada al poder sobrenatural de un Dios sobrenatural. Esas 3 dimensiones son:

- Fe

- Unción

- Gloria

En la iglesia de Cristo ha habido movimientos legítimos del Espíritu Santo que han bendecido a miles y miles de personas; pero, como en todo movimiento, siempre hay gente que lleva una verdad al extremo, hasta convertirla en una atadura, que luego se convierte en dogma, que frena el mover del Espíritu Santo. La fe es una de esas verdades que suele ser mal entendida. Hay personas que piensan que están viviendo en fe cuando en realidad no lo están. Desafortunadamente la fe ha sido reducida a algo natural, cuando es sobrenatural; así que, comenzaré por definir lo que no es fe. ¿Qué no es fe? La fe no es presunción ni optimismo. Pueden parecerse a la fe, pero no son fe.

¿Qué es la fe?

Es, pues, la fe la certeza de lo que se espera, la convicción de lo que no se ve. (Hebreos 11:1)

Fe es la palabra hebrea *"emuná"*, que significa firmeza, seguridad, fidelidad, reino, veracidad, honradez, lealtad. Como vemos, cada uno de esos significados describe la naturaleza misma de Dios. Así que no se trata de presunción ni de optimismo. El factor que determinará que el Señor actúe, es el hecho que Dios no puede mentir ni incumplir lo que ha prometido. Si Él lo ha dicho, puede usted tener la certeza y la convicción que así será.

- **Fe es la mente del Espíritu Santo revelada al hombre para que opere y tenga dominio sobre esta dimensión de tiempo, espacio y materia.**

Ahora, fe es la garantía (la confirmación, el título de propiedad) de las cosas que (nosotros) esperamos, es la prueba de las cosas que (nosotros) no vemos y la convicción de su realidad [la fe percibe como un hecho real lo que no está revelado a los sentidos].
(Hebreos 11:1, traducido de la *Biblia Amplificada*)

El original griego dice así: "Ahora la fe es la realidad del fundamento donde la esperanza radica o se establece, es la realidad de todo lo que existe y ejerce control y dominio sobre las cosas que no vemos".

Fe es la habilidad divina dada al hombre para rebasar el ámbito natural. Si Dios hubiese querido, desde el principio, que el hombre sólo viviera en la dimensión natural nunca le hubiese dado fe. Dios creó la dimensión natural, está en ella y fuera de ella, pero no está atado a ella. Dios fijó el tiempo a la tierra, pero cuando hizo al hombre puso eternidad en él para que pudiera vivir en las dos dimensiones: la natural y la sobrenatural. El ámbito invisible es superior al natural; es la verdad por la que el mundo invisible domina al mundo visible en que vivimos.

¿Cuál es el conflicto en la mente del hombre?

El hombre pretende definir a Dios desde el ámbito natural en que él se desenvuelve, pero Dios es mucho más que tiempo, espacio y materia. Toda nuestra vida, circunstancias y problemas están relacionados con la dimensión natural. El rompimiento viene cuando comenzamos a operar a través de la fe.

> No se conformen a este mundo (a este siglo) [el cual fue creado y adaptado a sus tradiciones externas y superficiales].
> (Romanos 12:2, traducido de la *Biblia Amplificada*)

---

*Tiempo, espacio y materia sólo pueden dominar
en el ámbito natural.*

Para nosotros, el ámbito natural es lo real; pero en la mente de Dios, esta dimensión está sujeta a maldición. La naturaleza se ve arrasada por la maldición que fue puesta sobre ella después de la caída, y clama por la manifestación sobrenatural de los hijos de Dios. No debemos acomodarnos a una dimensión siempre cambiante. Nuestra fe necesita valores absolutos como, Jesús, Su reino y Su Palabra.

---

*Todo aquello a lo cual usted se conforma
va a venir a ser su realidad.*

¿Cuál es la diferencia entre la dimensión natural y la sobrenatural?

El ámbito espiritual es eterno, permanente y opera en un perenne "ahora" o presente continuo. Para entender mejor este concepto, diferenciemos la dimensión natural y la eternidad. La dimensión natural es como una línea recta, que tiene un principio y un fin. La eternidad es un círculo, sin principio ni final. Cuando usted entra en la eternidad todas las cosas son; ése es el hábitat de Dios, donde no existe tiempo. Él puede traspasar al tiempo; no es donde vive, pero puede venir cuando quiera. Sin embargo, Él siempre habla a la existencia desde el ámbito eterno.

> *Porque así dijo el Alto y Sublime, el que habita la eternidad....* (Isaías 57:15)

La fe nos permite cruzar la línea del ámbito natural y alcanzar la eternidad. Nosotros tenemos que decidir en qué ámbito queremos vivir: en el ámbito del tiempo o en el ámbito de la eternidad. Si caminamos en la dimensión espiritual, recibiremos en el mundo natural todos los beneficios que Jesús proveyó a través de la cruz. En la dimensión espiritual, todo es, todo está hecho, todo está completo: salud, liberación, prosperidad, salvación, fortaleza, paz y toda la provisión material, emocional y espiritual que podamos necesitar en esta tierra; todo ya fue provisto por Jesús en la cruz. ¿Cómo podemos traerlas a la tierra? Únicamente por medio de la fe.

¿Qué representa la dimensión natural?

Lo visible representa nuestro ambiente, por eso necesitamos un rompimiento—traspasar la barrera del tiempo, del espacio y la materia—para salir de nuestro ambiente, donde el tiempo nos ha esclavizado a sus leyes. Necesitamos ser libres de las amarras que nos mantienen sujetos a los sentidos. No tenemos que oler, sentir, gustar, oír o ver, para creer. Si sabemos que la fe *es,* entonces lo imposible será posible, porque la fe tiene dominio y control sobre las leyes del tiempo, espacio y materia. Un ejemplo de esto es cuando vamos al banco para que financien nuestra casa. El banco estipula 30 años para completar el pago; si hacemos las cuentas, al final de ese tiempo habremos pagado 4 veces el valor inicial de la casa. En este caso, quien determinó el tiempo para completar el pago fue el banco. Pero, ¿qué tal si nosotros determinamos el tiempo, haciendo uso de nuestra fe, y pagamos esa hipoteca en sólo 5 años? Entonces, por nuestra fe, permitimos que Dios, de forma sobrenatural, traiga a nuestro mundo natural los recursos para no sujetarnos a una deuda por largo tiempo, sino a la provisión divina. Entonces rompemos las leyes del tiempo. ¡Sujétese a la provisión, no a la deuda!

Yo hago mis planes de acuerdo a la fe, no de acuerdo al tiempo. Por ejemplo, el banco financió la hipoteca de mi casa a 30 años, pero yo creí que Dios podría pagar ese préstamo en sólo 5 años. Hace un año yo declaré, "Señor, estoy creyendo que mi casa se pagará por completo dentro de los próximos 5 años. Dios, yo no quiero vivir con deudas, así que te pido que pagues mi casa". Hace unos meses, uno de mis "hijos espirituales" de Brasil, vino y me dijo, "Pastor, acabo de cerrar un negocio y el Señor puso en mi corazón pagarle su casa". Este hombre no es excepcionalmente rico. Yo nunca le había mencionado nada acerca de este asunto, ni le había pedido que lo hiciera. Él siguió la dirección del Señor. En ese instante, los que yo había creído se manifestó. La mayoría de la gente vive sólo de acuerdo al tiempo. Cuando el banco les dice que les tomará 30 años pagar su casa, lo creen y hacen planes conforme a eso. Sin embargo, si hace planes conforme al mundo espiritual, y no de acuerdo al mundo natural, usted podrá romper las leyes del tiempo.

Veamos otro ejemplo. El médico le dice a una persona: "La enfermedad que tiene es hereditaria; sus abuelos la padecieron, también sus padres y ahora usted la padece". El doctor le explica: "Sus padres murieron de cáncer, y eso es genético". Le explica que tiene que someterse a un tratamiento doloroso "de por vida". Ahí usted tiene que tomar una decisión: rompe la maldición y comienza a operar de acuerdo con la fe para recibir su sanidad o se queda a esperar el desenlace que el médico le ha pronosticado. ¡Aprópiese de lo que Jesús ya hizo! ¡Eso es vivir por fe!

Cuando Dios me habló de construir el actual templo de El Rey Jesús, con capacidad para seis mil personas, todos los contratistas me dijeron que tomaría un mínimo de 5 años edificarlo. Sin embargo, yo le creí a Dios para construirlo en un lapso de dos a 3 años; y así fue. Él proveyó las finanzas, reunió a las personas adecuadas y terminamos el edificio en 28 meses, dentro del tiempo que yo había creído. ¡Ahí mi fe rompió las leyes del tiempo! Si a mí me sucedió, a usted también puede ocurrirle; sólo tiene que decidirse a vivir por fe y no por vista.

Probablemente usted refute: *Sí, para usted es fácil decirlo porque Dios le ha bendecido con dones, gracia y favor.* ¡Claro que sí! Pero déjeme decirle que yo comencé como cualquiera de ustedes. Cuando Dios me habló de edificarle el santuario para 6.000 personas, me dijo que éste se construiría sin deudas. Al recibir un estimado del costo de semejante construcción, le digo que tuve que estirar mi fe porque la suma total llegaba a 25 millones de dólares, entre terreno y edificación. En el momento que el Espíritu Santo me dio la orden de comenzar a construir, no tenía el dinero; sólo tenía fe. Eso fue impactante, porque nunca se había hecho algo así antes; menos en la comunidad latina. Pero pusimos manos a la obra, obedeciendo a Dios, cuando la realidad nos mostraba que sólo teníamos $700.000 dólares en el banco, que apenas cubrían el costo de las vigas del templo. Pero Dios, a través de sus profetas, me confirmó lo que me había dicho. Fue entonces cuando recibí la promesa bíblica que me sostuvo durante toda la edificación.

Porque Jehová Dios de Israel ha dicho así: La harina de la tinaja no escaseará, ni el aceite de la vasija disminuirá. (1 Reyes 17:14)

Este verso se cumplió a cabalidad. En promedio pagábamos $500.000 dólares mensuales, y yo tenía que creer por ese monto cada mes. Durante 28 meses pudimos experimentar la fidelidad de Dios, más allá de toda lógica humana, y Él nunca nos falló. Hubo varias ocasiones en que debíamos pagar cuentas de $800.000 y faltando 5 días para el vencimiento sólo teníamos

$50.000 en el banco. Pero Dios fue fiel y nos proveyó más de 25 millones de dólares, en menos de 2 años y medio. Tampoco fue que alguien ofrendó millones de dólares; la ofrenda más grande que recibimos fue de $250.000 dólares. El resto provino del esfuerzo unido de un pueblo fiel, al cual Dios bendijo para que ofrendara.

Pagamos la construcción en efectivo y Dios no usó millonarios, sino que lo hizo con empleados, obreros, profesionales, jóvenes y amas de casa; gente común y corriente, como usted y como yo. Él hizo esto para que Su nombre fuera glorificado y pudiéramos anunciar a los cuatro vientos, que Él es el proveedor. Si lo hizo conmigo, también lo puede hacer con cualquiera que en Él crea. Esto ha servido de testimonio para que muchos entiendan que, cuando Dios dice algo y lo creemos, podemos considerarlo hecho. Hoy en día muchos hijos espirituales, y aun otros pastores, han tomado este testimonio como ejemplo para edificar templos sin deuda. Dios lo está haciendo. ¡Gloria a Dios!

• **La fe es ahora**

¿Cuándo es el tiempo de la fe? La fe es *ahora*. La fe es el pasado y el futuro reunidos en el presente, lo cual constituye el *ahora*.

> *Y respondió Dios a Moisés: Yo SOY EL QUE SOY.*
> (Éxodo 3:14)

Dios no necesita el tiempo; Él habita en el *ahora*. No necesita el día ni la noche para obrar, porque en el ámbito sobrenatural el pasado y el futuro se juntan en el presente. Desde el punto de vista de Dios su futuro puede invadir su presente. Una de las razones por las que no vemos manifestaciones sobrenaturales en la iglesia, como milagros, señales y maravillas, es que todo esto toma lugar en el *ahora* y nosotros vivimos esperando que esas cosas sucedan en el futuro. Hay un gran número de hombres y mujeres de Dios que siempre hablan en futuro; dicen que Dios traerá un avivamiento, que hará grandes milagros, que nos visitará con Su gloria; usan un lenguaje que constantemente está en el futuro, no en el *ahora*. ¡La fe es ahora!

Podemos creer que Dios está trayendo un avivamiento ¡ahora!, que Dios está haciendo milagros ¡ahora!, que la cosecha más grande de almas que jamás hayamos visto en la historia de la iglesia es para recogerla ¡ahora! La fe comprime el tiempo; por tanto, aquello que normalmente tomaría un año, lo hace en un día. Todo es de acuerdo con nuestra fe.

> ### La fe es el radar de Dios en el creyente para determinar la distancia y tiempo entre lo natural y lo sobrenatural, lo visible y lo invisible.

Determinarás asimismo una cosa, y te será firme, y sobre tus caminos resplandecerá luz. (Job 22:28)

Un día estaba orando en mi casa, antes de ir al servicio de nuestra iglesia, cuando el Espíritu Santo me dio lo siguiente: "Si Mi pueblo cree Mi palabra, no habrá espíritu de enfermedad que le haga frente". Así lo creí y así lo enseñé en el servicio y muchos milagros ocurrieron.

Éste es un testimonio que ilustra fielmente lo que estoy explicando: Cierto día me pidieron que orara por un bebé que había nacido con el sistema pulmonar colapsado, tenía hemorragia cerebral, además sufría de retinopatía, con riesgo de ceguera permanente. Todas esas dolencias se habían originado por la cantidad de oxígeno que le habían suministrado al momento de nacer. En el hospital ya le habían hecho cinco transfusiones de sangre. Según los médicos debía permanecer ingresado por tiempo indefinido hasta que se recuperara. Así que oré por el niño declarando que lo que es imposible para los hombres es posible para Dios. Una semana después, los médicos no tenían otra alternativa más que darle de alta al bebé, ya que estaba completamente curado y todos sus sistemas funcionando perfectamente normal, como si nada hubiese sucedido. En este caso, la ciencia misma tuvo que dar testimonio de la sanidad del niño, puesto que ellos tenían los resultados de antes y después. ¿Qué pasó allí? La madre activó su fe y comprimió el tiempo; superó todas las leyes naturales y activó sobre su hijo el poder sobrenatural de Dios.

La fe no es en el futuro,
porque la fe no va a ser; la fe es ahora.

La mayor parte de creyentes conocen de dónde vinieron. Algunos saben adónde van. Sin embargo, muy pocos creen lo que son *ahora*. Muchos no están conscientes de lo que Dios está haciendo y diciendo *ahora*. Cuando nos salimos de la fe para vivir según lo que vemos, el enemigo nos lleva a enfocarnos en los problemas, enfermedades y dificultades; pero recordemos que todo eso es temporal; por fe sabemos que todo está pasando y muriendo cada segundo. La enfermedad está pasando, la pobreza está pasando, la opresión en tu mente y la depresión están pasando. Por fe tenemos que creer que Dios está interviniendo *ahora*.

Ahora es el tiempo de activar su fe. En este instante, usted declare y designe el tiempo, la distancia para recibir su sanidad de ese cáncer o de la enfermedad que lo esté quejando; declare que ese dinero que necesita aparece sobrenaturalmente. Declare un tiempo —que puede ser 3 o 5 días—, para que Dios haga ese milagro. Usted debe determinar el tiempo, Dios no lo va a hacer. Él ya dijo que usted está sano, que es próspero. Las cosas en el espíritu *ya son* y están completas; por eso el nombre de Dios es, "Yo soy el que Soy". Él puso en nosotros la habilidad de determinar la distancia entre las dimensiones de lo visible y lo invisible. Cuando usted habla hay materia en su boca para crear por la palabra y activarla por medio de la fe de Dios.

La definición de fe en el ahora

Si tomamos esta definición de fe, comenzaremos a ver las cosas como Dios las ve.

*Yo soy Dios, y no hay nadie igual a mí, que anuncio lo
por venir desde el principio, y desde la antigüedad lo
que aún no era hecho.*   (Isaías 46:9–10)

Dios declara el final en el principio. Entonces, ¿cómo llegamos al ahora? En nuestra cultura estamos acostumbrados a ver las cosas desde la lógica humana. Quiero decir que nosotros, para llegar al final debemos comenzar por el principio. No obstante, Dios primero termina algo antes de mostrarles a los hombres el comienzo. En otras palabras, nada *es* en este mundo si antes no ha sido terminado por Dios.

Cuando la fe toca las cosas que no se ven, hace que tengamos convicción y nos persuade a esperarlas; la fe nos lleva a convertir las cosas que no se ven, en algo cierto —algo que es real para nosotros—; y todo esto sucede, no en el futuro, sino en el *ahora*. Si leemos la definición de fe, de manera lógica, todavía hay algo que está por pasar, hay algo que no ha sucedido, hay algo que espera por el futuro. Pero en la eternidad, Dios ya lo hizo; ya formó órganos nuevos, huesos nuevos, ya sanó enfermedades que para nosotros son incurables, ya hizo milagros creativos. ¿Qué nos corresponde hacer? Solamente apropiarnos de ese milagro, por fe, *ahora*.

En este instante lo reto a que active su fe para creer por sanidades y milagros que parecen imposibles que puedan pasar; sin embargo, le recuerdo que no hay nada imposible para Dios. Lea por favor este testimonio que impulsará su fe:

Este milagro ocurrió en medio de un servicio normal, mientras enseñaba a la congregación acerca de la fe y les explicaba que "la fe es *ahora*", siempre en tiempo presente. Entre los asistentes estaba una mujer que tenía 15 años enferma de sus dos rodillas. Los médicos le habían diagnosticado que los ligamentos y cartílagos se habían destruido; eso hacía que los dolores fueran insoportables y que requiriera una operación completa a la brevedad posible. Ese domingo, la mujer se aferró a su fe, decidió creerle a Dios, a Sus promesas irrefutables escritas en la Biblia. Ella dijo: "Siempre me habían dicho que la fe es para mañana, pero yo la tomo ahora. Hoy, Dios me crea dos rodillas nuevas". Entonces el poder de Dios para crear vino sobre ella. Nadie la tocó. De repente sintió el impulso de salir corriendo hacia el altar. No sintió dolor alguno ni se quejó; simplemente corrió. ¡Tenía dos rodillas nuevas! Lo que aquí ocurrió no fue una reparación de sus gastadas rodillas. Lo que sucedió fue una milagrosa creación. Dios le puso un par de rodillas nuevas. ¡Así opera el poder sobrenatural de Dios!

Estando persuadido de esto, que el que comenzó en vosotros la buena obra, la perfeccionará hasta el día de Jesucristo.   (Filipenses 1:6)

Dios nos comenzó en la eternidad y nos terminó antes de darnos la forma actual que tenemos en este mundo. Llegamos al *ahora* a través de la fe de Dios. Por lo tanto, usted no tiene que andar buscando fe porque Dios ya le dio Su fe para que reciba todo lo que Él le prometió. Usted creerá lo que no ve, solamente si lo mira a través de la fe del que ve, y Dios sí ve. Él ve su sanidad, su prosperidad y su felicidad, porque Él ya lo hizo.

- **La fe se alimenta de lo imposible.**

Un creyente lleno de la fe sobrenatural de Dios tiene una pasión ardiente por lo imposible y su fe se alimenta cuando enfrenta situaciones imposibles. Cuando Dios nos dio a cada uno nuestra medida de fe, un apetito por lo imposible viene a nuestro espíritu. Fuimos hechos para tener apetito por lo imposible.

- **La fe percibe como un hecho real aquello que aun no es revelado a los sentidos.**

La naturaleza de la fe no es para que sea revelada a los sentidos. Por eso es que cuando Dios nos manda a hacer algo, nunca le hallamos sentido, porque si tuviera sentido no sería sobrenatural. La mente carnal no puede ver lo invisible, por eso es como si no existiera.

- **Dios nos ha dado una medida de fe a cada uno.**

Conforme a la medida de fe que Dios repartió a cada uno.   (Romanos 12:3)

¿Todos los creyentes tienen fe? Sí, pero en diferentes medidas. La Palabra nos confirma que todos tenemos fe, pero no todos tenemos la misma medida. Dios llevará a un nivel de fe más grande a aquellos que hayan creído por cosas mayores y hayan hecho crecer su fe. Cuando llevamos nuestra medida de fe hasta el límite, entonces Él nos impulsa a un nivel mayor. Cuando elegimos permanecer confortables en un lugar donde nuestra fe no es retada, es posible que la medida de fe que tenemos se pierda, en lugar de aumentar. Si somos buenos mayordomos de la medida de fe que tenemos, Dios nos dará más.

¿Qué es una medida de fe? ¿A qué se refiere la Escritura cuando habla de medida? Una medida, es la esfera de influencia y el nivel de autoridad donde usted pone su fe a producir. El ser humano es capaz de influenciar —para bien o para mal— un promedio de 10.000 personas durante su vida. En el mundo espiritual, todo opera de acuerdo a niveles de autoridad. Por ejemplo, cada uno de nosotros ha recibido una medida de autoridad en la iglesia. La medida de fe que Dios le ha dado a cada uno de nosotros es para ser usada de manera efectiva conforme a su nivel de autoridad. Recuerde que si su medida de fe es suficiente para mover montañas o derribar fortalezas, en la misma proporción debería ser su nivel de autoridad.

Debido a que a cada uno se le ha dado una medida de fe, nunca habrá una excusa para no creerle a Dios.

¿Cómo recibir la fe de Dios?

Respondiendo Jesús, les dijo: Tened fe en Dios.
(Marcos 11:22)

En el versículo anterior la traducción correcta es, "Tened la fe de Dios". En el griego, el verbo aparece en voz pasiva, lo cual significa que la acción viene desde afuera. En otras palabras, Jesús no nos pide que tengamos fe en Dios, sino que

Dios nos da la fe que a Él le pertenece. Más sencillo: nuestra naturaleza humana es incapaz de producir fe por sí misma, por eso debemos tomar la fe de Dios. Jesús le dijo a Pedro: "Pedro recibe la fe de Dios para que bendigas a otros"; y en el libro de los Hechos vemos a Pedro haciéndolo.

> *Mas Pedro dijo: No tengo plata ni oro, pero lo que tengo te doy; en el nombre de Jesucristo de Nazaret, leván-tate y anda.* (Hechos 3:6)

La naturaleza humana sólo puede dudar, no puede creer; pero la naturaleza divina sólo puede creer, no puede dudar.

Todo miembro de nuestra iglesia ha sido entrenado a través de los grupos de discipulado y del Instituto de Liderazgo, para que ejercite la medida de fe que Dios le ha dado. Esto incluye a quienes apenas se inician en el evangelio. Veamos este testimonio que ilustra lo que digo:

A la Casa de Paz que era liderada por un joven matrimonio que apenas llevaba seis meses atendiendo nuestra iglesia, llegó un miércoles por la noche una pareja a la cual le habían diagnosticado SIDA. La esposa del líder se paró con autoridad y oró con fe por ellos, pidiéndole a Dios que los sanara. ¡Y Dios se glorificó en medio de la congregación de sus santos! Pues cuando la pareja fue a hacerse nuevos exámenes, estos resultaron negativos. Aunque médicamente el SIDA sigue siendo una enfermedad incurable, que ataca el sistema inmunológico, baja las defensas, y provoca mutaciones de células en el organismo; para Dios ya esa enfermedad ha sido abolida de la faz de la tierra. ¡Lo que parece imposible para el hombre es posible para Dios!

El poder de Dios, en el ámbito de los milagros, se le llama fe.

Estudiemos esto en detalle:

- **Abraham fue dinamitado con fe.**

Tampoco dudó, por incredulidad, de la promesa de
Dios, sino que se fortaleció en fe, dando gloria a Dios.
(Romanos 4:20)

La fe de Abraham tuvo que ser fortalecida; tuvo que venir sobre él el *"dúnamis"*, o dinamita de Dios. El Señor tuvo que soplar fuerte sobre su incredulidad y llenarlo con Su habilidad para creer lo que Él le había prometido. Humanamente, Abraham no tenía la fe que necesitaba, por eso Dios tuvo que colmarlo con Su fe, para que esperara el hijo de la promesa. Cuando Dios terminó con Abraham, él estaba persuadido y convencido para esperar la certeza de su *ahora*. Lo mismo Dios quiere hacer con nosotros; quiere dinamitarnos y soplar nuestra incredulidad; quiere llenarnos con Su fe para que recibamos el milagro que nos tiene listo.

[Abraham] plenamente convencido de que era también
poderoso para hacer todo lo que había prometido.
(Romanos 4:21)

Cuando usted está totalmente convencido y persuadido, nada lo hace dudar; no importa lo que diga la gente, los síntomas o las circunstancias. Usted sabe que eso no hace la diferencia. Algunos dudan de las promesas de Dios porque no están convencidos o persuadidos plenamente. Porque no se puede estar convencido y dudando al mismo tiempo.

La Palabra de Dios en nuestra boca es tal como es en la
boca de Dios, cuando tenemos Su fe.

- **Dios dinamitó el vientre de Sara.**

Por la fe también la misma Sara, siendo estéril, recibió
fuerza para concebir; y dio a luz aun fuera del tiempo

de la edad, porque creyó que era fiel quien lo había prometido.   (Hebreos 11:11)

Sara necesitó recibir el *"dúnamis"*, o la dinamita de Dios para que su vientre fuera fructífero. Cuando Dios le dijo que iba tener un hijo, a su edad, ella se rió, pero cuando la dinamitó con Su fe, la infertilidad fue transformada en fruto. De la misma manera, hoy en día hay muchas personas estériles, gente que no sabe dar fruto en su vida personal, matrimonial o en sus finanzas. Existen también ministerios estancados, que no crecen, que no dan el fruto deseado, y necesitan ser dinamitados con la fe de Dios.

¿Cómo recibimos la fe de Dios?

La fe de Dios para creer como Él cree se recibe simplemente diciéndole: "Señor, hoy abro mi corazón para que Tú me dinamites con Tu fe, para que destruyas en mí toda duda, incredulidad, razonamiento y argumento; para que pueda recibir los milagros que Tú me has prometido; y para que pueda llevar a otros la fe que me has impartido". Amado lector, hoy Dios quiere dinamitarle para que sea fructífero, para que ore por los enfermos y se sanen, para que liberte a los cautivos, para que dé vista a los ciegos, para que abra los oídos de los sordos, para que levante a los paralíticos. Cuando Dios nos dinamita con su fe y somos persuadidos, no es para quedarnos estáticos, sino para tomar acción.

¿Cuáles son los enemigos de la fe?

Hay enemigos de la fe contra los que batallamos todos los días, pero muchas veces no nos damos cuenta porque no los conocemos. Ellos son:

- **La incredulidad**

  Mirad, hermanos, que no haya en ninguno de vosotros corazón malo de incredulidad para apartarse del Dios vivo.   (Hebreos 3:12)

La incredulidad es un espíritu malo que utiliza la razón para llevarnos a rechazar u oponernos a Dios. Hoy en día podemos ver cómo abunda la incredulidad; aun desde los púlpitos se oyen prédicas que fortalecen la incredulidad, el conformismo y la religiosidad. Estamos rodeados de un mundo hostil hacia Dios y el objetivo es desarrollar la incredulidad. Es más, hoy en día, lidiamos con una "incredulidad educada". ¿A qué me estoy refiriendo? A que la habilidad de razonar intenta suplantar al hombre espiritual; para esto desarrolla argumentos científicos, filosóficos y psicológicos, con el fin de eliminar la fe. La incredulidad se ha convertido en el medio por el cual medimos nuestra realidad; lo que es posible y lo que nos parece imposible. ¡Debemos ser libres de la incredulidad!

La única razón bíblica para fracasar es la incredulidad.

• **Los hechos**

La verdad es el nivel más alto de realidad, el cual sólo puede ser entendido por revelación. Jesús es la verdad. Cuando Dios dice algo, lo que Él dice es la verdad y eso se cumplirá, a pesar de las circunstancias, o de lo que digan los teólogos, los doctores o el mismo diablo. Dios existe en el ámbito de la verdad. Su nombre es el Gran Yo Soy. (Vea Hebreos 13:8).

La verdad es el nivel más alto de realidad.

• **La razón**

Por la fe entendemos haber sido constituido el universo.
　　　　　　　　　　　　　　　　(Hebreos 11:3)

"Por la fe entendemos...". Nótese que primero es la fe y luego el entendimiento. Creerle a Dios con la razón no tiene sentido, ya que nunca aumentará nuestro nivel de fe. La meta del enemigo es recluirnos dentro de los límites de la razón, como lo hizo con Adán en el jardín del Edén. Por eso, cada vez que

buscamos entender a Dios usando la razón volvemos a comer del árbol del conocimiento del bien y del mal.

Cuando hablo de la razón como enemiga de la fe o de lo sobrenatural quiero que entendamos un punto muy importante: la razón o intelecto tiene su lugar y debemos usarla en este mundo físico para tomar decisiones en la dimensión natural. Dios nos dio la razón con un propósito y es correcto usarla dentro del mundo natural. Pero cuando se quiere usar la razón en el ámbito espiritual, no funciona. A eso me refiero cuando afirmo que la razón es enemiga de la fe. Definitivamente creo en la razón como una capacidad dada por Dios para operar en el mundo natural.

La fe es la habilidad dada a todo creyente para creer lo que no es razonable.

La razón nunca trabaja a favor de la fe. Cuando la razón comienza a funcionar nos aparta de la fe. Por eso, mucho de lo que Dios hizo, y que aparece escrito en la Biblia, carece de sentido para la razón humana. Veamos algunos ejemplos:

- **Sadrac, Mesac y Abed-nego fueron echados al fuego y no se quemaron.**

> *Y él dijo: He aquí yo veo cuatro varones sueltos, que se pasean en medio del fuego sin sufrir ningún daño; y el aspecto del cuarto es semejante a hijo de los dioses.*
> (Daniel 3:25)

Para la razón humana no tiene sentido que mientras el rey arrojó a tres personas al fuego, luego aparezcan cuatro personas caminando entre las llamas. Tampoco tiene sentido que ninguno de ellos se quemara en un fuego puesto a la máxima temperatura posible.

- **Abraham dio origen a su descendencia en la vejez.**

> *Y no se llamará más tu nombre Abram, sino que será tu nombre Abraham, porque te he puesto por padre de muchedumbre de gentes.*
> (Génesis 17:5)

Cuando tratamos de razonar este caso no tiene explicación. ¿Cómo un hombre de 100 años y su mujer estéril de 75 pudieron concebir un hijo? Sólo la fe puede entenderlo.

- **Noé edificó un arca.**

> *Por la fe Noé, cuando fue advertido por Dios acerca de cosas que aún no se veían, con temor preparó el arca en que su casa se salvase; y por esa fe condenó al mundo, y fue hecho heredero de la justicia que viene por la fe.* (Hebreos 11:7)

El milagro tuvo lugar cuando los animales vinieron de todas partes del mundo y se juntaron en un solo lugar. Los tigres vinieron de Siberia y China, los elefantes de la India, los leones del África, los canguros de Australia. No es normal que hayan venido dos de cada especie y hayan coexistido en el arca durante 40 días, sin comerse el uno al otro —teniendo en cuenta que eran animales salvajes—. Esto sólo se puede entender por fe.

Cuando la razón está ausente, la fe dice presente. Cuando la fe está presente, Dios actúa ahora.

La fe no puede ser juzgada o probada en un juicio en la tierra o en una corte donde la razón es la que impera. No existen libros ni códigos para juzgar la fe. La jurisprudencia juzga en base a la razón humana, la cual tiene que ver con hechos tangibles, que pueden ser probados en base a nuestros cinco sentidos naturales —vista, oído, olfato, gusto y tacto—. Por lo mismo, en ninguna corte humana la fe puede tener cabida. Por ejemplo, si un doctor diagnostica una enfermedad, aun cuando la Palabra diga que está sano, el veredicto humano será de enfermedad, porque existen dos razones diferentes y dos ámbitos diferentes: el natural y el sobrenatural. Por tanto, cuanto más intente razonar lo que Dios quiere hacer en usted o a través de usted, más perderá la manifestación del milagro y la bendición.

Mire lo que sucedió en nuestra iglesia hace algún tiempo. Dios quería traer vida usando vientres estériles y yo hice sólo lo que Dios me mandó a hacer.

Durante uno de los servicios Dios puso en mi corazón hacer un llamado a las mujeres estériles o que por alguna circunstancia no habían podido tener hijos. Entre la gran cantidad de mujeres que pasaron al altar se encontraba una a quien le habían cortado las trompas hace algunos años, por lo cual era imposible que quedara embarazada. ¡Dios se glorificó en aquella mujer! Al mes siguiente, esa mujer estaba embarazada. Dios hizo un poderoso milagro creativo, le puso trompas y todo su aparato reproductivo completo. Para mayor impacto, fue el mismo médico de la mujer quien advirtió el milagro al hacerle un ultrasonido y encontrar órganos reproductores donde antes no existían. Mientras tanto, el bebé crecía en perfectas condiciones y en su tiempo normal. Hoy, varios meses después, la mujer disfruta y se goza con su hermoso regalo de Dios, un precioso niño que vino al mundo como una muestra del poder sobrenatural de Dios para crear. A menudo vemos en nuestro ministerio decena de mujeres que, según la ciencia médica no pueden tener hijos, y que cuando activan su fe quedan embarazadas.

Ningún relato bíblico tiene sentido hasta que Dios entra en escena.

La renovación de nuestra mente, es un proceso por el cual comenzamos a sustituir la razón humana con la lógica de Dios. Sólo cuando nuestra mente es renovada podemos darnos cuenta que todo lo que Él hace tiene sentido. Los predicadores y maestros de la Palabra estamos llamados a predicar de tal manera que la incredulidad no tenga cabida en la gente que nos oye.

Cuando la razón está ausente todo es posible. Cuando la fe está presente, hasta lo imposible es posible.

¿Cómo movernos de la razón a la fe?

Para poder operar en fe tenemos que desconectar nuestra razón y "perder" nuestra mente. Si usted le cree a su mente, estará creyendo en las razones de un hombre y dudando del poder de Dios. La fe no necesita la razón humana para creer porque supera todo razonamiento y no se basa en el sentido común. La razón se puede convertir en un arma mortal que se vuelve contra usted cuando le da sentido a su enfermedad, pobreza, depresión, problema matrimonial, falta de perdón, amargura, adicción o pecado. Por eso es importante pasar a una dimensión mayor de fe.

El ámbito de lo imposible está fundamentado en la lógica humana y establecido en la razón humana.

¿Cómo movernos de una dimensión de fe a otra mayor?

Porque en el evangelio la justicia de Dios se revela por fe y para fe, como está escrito: Mas el justo por la fe vivirá. (Romanos 1:17)

La frase que en español se lee, *"por fe y para fe"*, en el original se refiere a ir *"de un grado fe a otro grado de fe"* o *"de una dimensión de fe a otra dimensión de fe"*. Esto indica que el movimiento no se inicia en el punto de partida o en el principio, sino que arranca desde un lugar ya avanzado. En otras palabras, es un movimiento que nos lleva de un nivel de fe a otro grado mayor de fe. La clave para avanzar es la revelación o conocimiento revelado de Dios. Por eso, la fe y el conocimiento revelado siempre trabajan juntos. De manera que, cuando una persona no tiene conocimiento revelado no puede moverse al próximo nivel de fe. En cambio, cuando la revelación está presente, hay fe, y ésta nos impulsa a una nueva dimensión.

El nivel de revelación que una persona tenga determinará la medida de fe en que se mueva.

Donde el conocimiento revelado cesa, ahí cesa su fe; se desacelera y entra en el ámbito de lo natural. Usted no puede creer algo que no conoce. Esto quiere decir que no podemos dejar que la fe se estanque. La fe tiene que estar en constante movimiento; por eso vamos de fe en fe. Lo mismo sucede con la gloria; vamos de gloria en gloria. No podemos estancarnos. La vida cristiana nunca fue diseñada para estancarse en un lugar o nivel, siempre será más brillante.

En el testimonio de una hermana de la iglesia El Rey Jesús, de Orlando, Florida, podemos ver cómo Dios nos lleva a creer primero en algo y eso impulsa nuestra fe para creer por mayores bendiciones.

Esta mujer llevaba 8 meses congregándose en la iglesia cuando fue tocada por el poder de Dios. Para ese entonces le habían diagnosticado cáncer en el útero por lo que tuvieron que extirpárselo. Una amiga le dijo que aprovechara que yo iba a estar en Orlando para que orara por ella y la mujer aceptó. Yo no la vi, pero Dios si sabía que ella estaba allí. El domingo, mientras ministraba, dice ella en su testimonio que pasé por su lado y dije, "Por este lado el Señor ya sanó", y ella creyó. Sin embargo, la mujer no solamente sufría de esa enfermedad sino que también tenía hiperplasia adrenal congénita—una dolencia que impide que los riñones trabajen bien—, y apnea de sueño, por lo que se quedaba dormida en cualquier lugar. Todo esto había dado lugar a que tuviera problemas en su matrimonio. Pero el proceso por el cual el Señor quería llevarla para ejercitar su fe no terminó allí. Varios domingos después, a través de la pantalla satelital, llamé a las personas que estaban en fornicación, y la mujer reconoció su falta, pues llevaba 15 años conviviendo sin casarse. Esa fue la llave que desató todo, porque apenas se casó, la menstruación que no le bajaba hacia tres años debido al problema uterino, le bajó. Al haberle extirpado el útero, debido al cáncer, ella no podía quedar embarazada. Y aunque soñaba con darle un hijo a su esposo, la ciencia médica le negaba ese privilegio. Pero el Señor se manifestó grandemente en su vida; tras su matrimonio recibió un milagro creativo y ahora tiene útero nuevo y cuatro meses de embarazo. Hoy puede manejar sin temor a quedarse dormida y además, está feliz porque recuperó a su esposo y tiene un matrimonio sano que le sirve al Señor.

Si nuestra fe no se mueve nada sucede. ¿Será posible que estemos estancados en una dimensión de fe? Sí, y existen señales claras que nos muestran cuando nuestra fe se ha estancado. Por ejemplo, cuando no sucede nada nuevo en la iglesia, cuando la congregación no crece, cuando no hay señales, prodigios ni milagros, cuando la presencia de Dios no está en lo que hacemos. La razón principal es que Dios ya no se manifiesta en la dimensión donde nos quedamos. Él quiere que avancemos a un nivel mayor; pero para que eso ocurra necesitamos revelación, una *"jréma"* de Dios que abra el camino a una nueva dimensión. Si queremos caminar en el *ahora* no podemos descartar la revelación de Dios para este tiempo. No podemos caminar en la verdad presente con una revelación de ayer; porque la fe es *ahora*, siempre en el presente.

Para tener fe en el "ahora", debemos tener revelación de la verdad presente.

Aunque vosotros las sepáis, y estéis confirmados en la verdad presente.   (2 Pedro 1:12)

La verdad es presente y la fe es *ahora*. Si la fe de ayer fuera suficiente entonces la Biblia no nos mandaría a ir *"de fe en fe"*. Dios quiere hacer algo nuevo y fresco ahora. La fe tiene fecha de expiración. Si no es de *ahora* no es fe; pero además, la revelación de ayer no sirve para hacer funcionar la fe de *ahora*. Por eso encontramos que, lo que antes funcionaba hoy ya no funciona; por eso Dios nos impulsa a tomar una dimensión y una revelación nuevas.

En conclusión, si su vida ha estado estancada, si no se está moviendo, éste es el momento de tomar la decisión de ir con Dios a la otra dimensión. Allí hay algo fresco, algo nuevo, hay milagros, sanidades y provisión de todo tipo. Ahora es el momento de decirle al Señor: "Dame una nueva revelación para ir a otra dimensión de fe. Conéctame con hombres que puedan desatar esa revelación para ir a esta nueva dimensión de fe; y de esta manera ser como Pedro, que puedo ir a bendecir a otros, a orar por los enfermos y por todos los que necesitan un toque de Tu poder sobrenatural". Si queremos movernos en esa dimensión tenemos que empezar por entender la fe, la cual nos da acceso a lo sobrenatural de Dios.

Resumen

- La fe no es presunción ni esperanza ni optimismo.

- La fe es la mente de Dios revelada al hombre y la habilidad divina para superar el ámbito natural.

- Hay conflicto entre la razón y la fe porque pertenecen a dos ámbitos diferentes: la razón es temporal, la fe es eterna.

- La fe es *ahora*; esto es, pasado y futuro reunidos en el presente.

- Todos los creyentes tiene fe, pero en medidas, es decir en esferas de influencia y niveles de autoridad, que se incrementan cuando son ejercitadas.

- En el ámbito de milagros el poder de Dios es llamado fe y necesitamos ser dinamitados con ella para dar a luz lo sobrenatural en lo natural.

- Los enemigos de la fe son la incredulidad y la razón.

- La clave para moverse de una dimensión de fe a otra es la revelación.

6

La unción: Segunda dimensión de lo sobrenatural

En el capítulo anterior hablé acerca de las tres dimensiones que conforman lo sobrenatural: fe, unción y gloria; y examinamos en detalle lo relacionado a la fe. Ahora abordaremos el tema de la unción. Como ya expliqué, entender y conocer estas tres dimensiones constituye la base para moverse en el poder sobrenatural de Dios. Sólo enseñaré algunos puntos específicos de la unción, porque el desarrollo completo lo puede encontrar en mi libro *La Unción Santa*[2].

¿Qué es la unción?

Unción es la habilidad dada por Dios al creyente para hacer la obra del ministerio y para que pueda servirle. Ungir significa untar, aplicar aceite o ungüento, poner aceite con el fin de consagrar. El acto físico de ungir con aceite es la confirmación de un llamado o función, sellado por el Espíritu Santo, en el cual el aceite es sólo el símbolo visible. La persona que unge a otra actúa como agente de Dios. Ella derrama el aceite pero es Dios quien envía Su Santo Espíritu. Desde tiempos remotos, la unción ha sido la forma como se sella la consagración a Dios, de personas que fueron llamadas a cumplir funciones especiales; por ejemplo, reyes y sacerdotes. Mediante el acto de ungir se habilita a quien recibe la unción para que cumpla las funciones que se le asignan.

---

[2] Maldonado, Guillermo. *La Unción Santa*. (2006). Miami, FL: ERJ Publicaciones.

> ## *La unción es Dios haciendo Sus obras usando nuestra humanidad.*

Como vimos antes, existen diferentes aspectos del poder de Dios y sus nombres varían según el área en que operan.

¿Cómo se denomina el poder en el ámbito ministerial?

En el ámbito ministerial o de servicio el poder es llamado *Unción Santa*.

> *Hallé a David mi siervo; lo ungí con mi santa unción.*
> (Salmos 89:20)

¿Cómo se preparaba el aceite de la santa unción en el Antiguo Testamento?

> *Tomarás especias finas: de mirra excelente quinientos siclos, y de canela aromática la mitad, esto es, doscientos cincuenta, de cálamo aromático doscientos cincuenta, de casia quinientos, según el siclo del santuario, y de aceite de olivas un hin. Y harás de ello el aceite de la santa unción; superior ungüento, según el arte del perfumador, será el aceite de la unción santa.* (Éxodo 30:23–25)

La unción en el Antiguo Testamento era apenas una sombra de lo que hoy, en el Nuevo Pacto, podemos disfrutar. Dios instruyó a Moisés acerca de cómo preparar el aceite de la santa unción y fue muy específico en cuanto a los ingredientes a usar, cada uno de los cuales es un símbolo profético de algo que habría de venir en el Nuevo Testamento. Los ingredientes eran los siguientes:

• **Mirra**

La mirra es una hierba de aroma muy agradable pero de sabor amargo. Representa sufrimientos, padecimientos, quebrantos, muerte, pruebas, tribulaciones, persecución. La mirra representa el precio que pagamos por la unción. Mucha gente quiere la unción pero no está dispuesta a pagar el precio de portarla.

- **Canela**

Representa firmeza y estabilidad. Estos dos elementos se aplican al carácter del cristiano y son fundamentales para operar en la unción.

- **Cálamo**

El cálamo es una caña aromática, recta, rojiza, que huele a jengibre; se asocia a los dones del Espíritu Santo y la autoridad divina. Esto nos da a entender que la unción fluye en nosotros cuando funcionamos bajo autoridad.

- **Casia**

La casia es un arbusto de flores amarillas, de agradable aroma, cuyas hojas se secan y pulverizan para preparar el aceite de la unción. El nombre proviene de una raíz hebrea que significa doblar, humillar, hacer reverencia. Por lo mismo, la casia representa oración, alabanza y adoración. La unción genera deseos de orar y adorar a Dios.

- **Aceite**

El aceite para ungir es extraído del fruto del árbol del olivo y representa al Espíritu Santo. La unción tiene dos características importantes: es una sustancia celestial tangible la cual se puede almacenar en la ropa u objetos, pero además es transferible de un cuerpo a otro. Revisemos este testimonio que nos muestra cómo la unción se acumula en los objetos: Hace algunas semanas llevaron mi carro al taller para que le hicieran los servicios de rutina. Había en el taller un mecánico que sufría de intensos dolores, producto de algunas piedras que le habían sido diagnosticadas en los riñones. El dueño del taller, sabiendo que ese era mi carro, le dijo al mecánico que se sentara en la silla del conductor y se pasara las llaves por donde le dolía. En el momento mismo que el hombre se sentó y se pasó las llaves por la espalda, le dieron ganas urgentes de ir al baño. Cuando regresó traía en sus manos todas las piedritas que había expulsado. De inmediato se le fue el dolor completamente. Sin duda, la llave no cura, pero la unción de Dios acumulada en los objetos, tiene poder para obrar milagros.

¿Cuál era el propósito del aceite de la santa unción?

El aceite de la santa unción tenía como propósito: ungir el tabernáculo, los utensilios santos, y ungir a los sacerdotes, a fin de consagrarlos, identificarlos y prepararlos para que la gloria de Dios descienda.

> *Con él ungirás el tabernáculo de reunión, el arca del testimonio.* (Éxodo 30:26)

Esto también se refiere a nosotros hoy. Dios primero nos unge con su unción santa, nos consagra y santifica para recibir Su gloria. En el tabernáculo nadie podía tocar un instrumento o utensilio, a menos que fuera ungido, porque la unción es la que nos alista para poder pararnos en la presencia de Dios.

¿Cuál es la diferencia entre talento y unción?

Mucha gente confía y depende solamente de su talento, a tal punto que cuando alaba, adora y sirve a Dios, no lo hace de corazón. No se trata de cuán talentoso es usted sino de qué tan ungido esté. He visto personas sin mucho talento que cuando alaban traen la presencia de Dios como nadie más podría hacerlo. Soy de los que creen que los dones y talentos hacen falta, pero debemos depender por completo de la unción del Espíritu Santo.

La unción del Espíritu Santo es el depósito para recibir la gloria de Dios.

En él también vosotros...fuisteis sellados con el Espíritu Santo de la promesa.   (Efesios 1:13)

En el capítulo anterior vimos que la Biblia hace varias referencias acerca de las medidas. Un ejemplo conocido es la medida de nuestra fe. Afirmé entonces que la medida de fe, es nuestra esfera de influencia y el nivel de autoridad que tenemos. De allí que se haga necesario en nuestra sociedad, unir las medidas y los dones de cada uno, para operar con mayor poder. Nos necesitamos unos a otros. Yo necesito su medida —su esfera de influencia y autoridad— y usted necesita la mía. Cuando las medidas y los dones se unen, la gloria de Dios desciende. De otra manera, Su gloria no viene.

- **La unción personal**

Pero a cada uno de nosotros fue dada la gracia conforme a la medida del don de Cristo.   (Efesios 4:7)

La unción personal es la medida de gracia sobrenatural que Dios le da a cada creyente, a fin de que pueda cumplir con su llamado. Por ejemplo, una unción personal para negocios, para restaurar familias, para hacer milagros; o quizá una unción gubernamental, ministerial o profética.

- **La unción corporal**

De este modo, todos llegaremos a la unidad de la fe y del conocimiento del Hijo de Dios, a una humanidad perfecta que se conforme a la plena estatura de Cristo.   (Efesios 4:13, NVI)

La unción corporal, es la unción del Espíritu Santo que es derramada cuando todos los presentes se vuelven uno en Cristo. Cuando eso pasa, vemos a Cristo operando a través de la iglesia, haciendo milagros, señales y maravillas, mil veces mayores, fuertes y poderosos que con la unción personal. Por esa razón, Dios siempre nos manda a buscar la unidad y a depender unos de otros, según nuestras medidas, con el fin de ser poderosos sobre la tierra, tal como lo fue Jesús. Otro término frecuentemente asociado con la unción es la palabra *"manto"*.

¿Qué es un manto?

La palabra *manto* tiene varios significados, pero es en esencia, "una prenda sin mangas, floja, que es usada sobre otros vestidos...una capa simbólica que representa superioridad o autoridad". También hace referencia a "la parte del interior de un planeta, especialmente la tierra, que yace bajo la corteza y la base central". En todos estos significados, el manto representa una cobertura o protección.

El manto o unción es nuestra cobertura mientras vivimos en la tierra.

En el área espiritual la palabra *manto* también tiene un significado extenso y profundo. Incluye gloria, bondad, poderío, excelencia, nobleza, autoridad, fortaleza, esencia y gran valía.

Los dos mantos de Jesús

- **El manto de Su deidad que es Su gloria.**

    Cristo Jesús,...siendo en forma de Dios, no estimó el ser igual a Dios como cosa a que aferrarse, sino que se despojó a sí mismo.　　　　(Filipenses 2:6–7)

    Antes de venir a la tierra, Jesús se despojó de Su manto de gloria. Sin embargo, en el evangelio de Juan aparecen siete señales milagrosas que confirman su identidad como el hijo de Dios. El Padre personalmente dio testimonio de su deidad. Él vino como un hombre cualquiera, bajo la unción del Espíritu Santo, pero sin el manto de Su gloria, el cual dejó en el cielo.

- **El manto de Su humanidad que es Su unción.**

    Porque el que Dios envió, las palabras de Dios habla; pues Dios no da el Espíritu por medida.　　(Juan 3:34)

¿Qué debemos aprender de esto? Que Jesús venció al diablo y sus demonios, como un hombre común y corriente, pero con la unción del Espíritu Santo. Él sanó a todos los enfermos, a leprosos, ciegos y sordos; echó fuera demonios y resucitó muertos, no como Dios, sino como un hombre lleno del Espíritu Santo. Si Jesús lo hizo, nosotros también podemos hacerlo. De hecho, Él mismo prometió que cosas mayores haríamos. (Vea Juan 14:12).

La unción viene de Dios al hombre, pero la impartición es dada de un hombre a otro por la voluntad de Dios.

Hay personas que tienen una gran unción pero no tienen la habilidad de impartirla, posiblemente por la incapacidad de ver más allá de sí mismas o de su ministerio. También es posible que estando bajo un ministerio apostólico y profético, por causa de la fe, el pueblo reciba la impartición de toda clase de dones. La clave para esto es tener siempre un corazón abierto y generoso.

En las décadas de los '50 y '60 Dios levantó muchos hombres con el fin de traer un gran avivamiento por medio de sanidades, milagros, señales y maravillas; pero la mayoría de ellos nunca cayó en cuenta que la unción y la gracia que habían recibido era para enseñar, entrenar y equipar a la iglesia. Lo hicieron solos y no trasfirieron o impartieron su manto para que otros continuaran. Hoy admiramos a esos generales de Dios, lamentablemente, la unción que estuvo sobre ellos también murió con ellos, porque fallaron en enseñarle a la iglesia a fluir en el mismo poder sobrenatural, tal como Jesús lo hizo con Sus discípulos.

La impartición es una intervención directa del Espíritu Santo, quien toma del don de un hombre y le da una medida a aquellos que lo piden desesperadamente. ¿Es una transferencia de una persona a otra? Sí; es un misterio que permite que los dones de unos lleguen a otros. El que imparte trabaja juntamente con el Dador de los dones. Como dato interesante puedo decir que la impartición produce una similitud entre el que recibe y el que da. ¿Cómo podemos impartir dones o virtud a otros? Por medio de libros, prédicas, enseñanzas, profecías, por la palabra de Dios, por medio de la imposición de manos y hasta por pañuelos o ropa ungidos. Recibimos impartición cuando capturamos el espíritu del manto que está sobre un hombre de Dios, lo cual puede ocurrir también por asociación. En nuestra iglesia todos los líderes de casas de paz, mentores, diáconos, ancianos y ministros, fluyen en la unción de milagros porque les he impartido del manto que Dios ha puesto sobre mí.

Veamos un par de testimonios que muestran a Dios haciendo milagros creativos:

En nuestra iglesia, tuvimos el caso de un individuo que en medio de un servicio del poder sobrenatural, el Señor se glorificó poniendo en su cabeza cabello donde antes no existía, causando impacto entre la multitud. Tres semanas antes yo había declarado que esa noche Dios iba a realizar milagros creativos, y que incluso la calvicie iba a desaparecer y el cabello empezaría a crecer. Esa noche, cuando empecé a orar, incluí a todo aquel que necesitaba injertos de pelo; fue entonces cuando el cabello de este hombre, que llevaba 20 años padeciendo de calvicie, empezó a crecer ante la vista de los hermanos que se hallaban a su alrededor. El hombre corrió al altar a testificar llevando su licencia de conducir en la que aparecía su foto con una enorme calvicie, mientras nos mostraba cómo sobrenaturalmente su cabello había crecido. ¡Dios le hizo un milagro creativo!

Esa misma noche tuvimos otro caso similar. Un hermano que sufría de presión arterial y calvicie fue sanado por completo por el Señor. El hombre llevaba 15 años padeciendo de presión arterial alta y hacía 4 años que se le había caído el cabello en la coronilla de la cabeza. El hombre testificó que mientras yo oraba reprendiendo todo espíritu de enfermedad, la cabeza le empezó a picar intensamente y cuando se llevó la mano para rascarse sintió que tenía pelo donde antes sólo estaba el cuero cabelludo. Ahora ese hombre se encuentra muy feliz y agradecido con Dios, porque la presión arterial se le normalizó y el cabello le creció. ¡La gloria es para Dios!

¿Cuál es el propósito de la unción?

Jesús enseñó primero acerca del reino a fin de que los discípulos pudieran entender el propósito del poder. Lo mismo sucede con la unción; primero tenemos que saber para qué es, de lo contrario no servirá de mucho tenerla.

El Espíritu del Señor está sobre mí, por cuanto me ha ungido para dar buenas nuevas a los pobres; me ha enviado a sanar a los quebrantados de corazón; a pregonar libertad a los cautivos, y vista a los ciegos; a poner en libertad a los oprimidos. (Lucas 4:18)

La palabra clave aquí es *"para"*. ¿Para qué vino el Espíritu Santo sobre Jesús? Nótese que de todos los propósitos ninguno de ellos tiene que ver con un beneficio egoísta o personal, sino que la intención es bendecir a otros. No podemos perder de vista que la unción es para sanar a los enfermos, expulsar demonios, predicar el evangelio, hacer milagros, y que el fin último es que Jesús sea exaltado. Ésa es la razón principal por la cual fuimos consagrados y separados al ministerio. Cuando los hombres y mujeres usan su manto o unción para auto-promocionarse, para sacar ganancias deshonestas, para alcanzar fama o posesiones, entonces su carrera termina mal. Afuera hay un mundo enfermo, lleno de inseguridad, miedo, depresión, tristeza, amargura y soledad; un mundo atormentado por espíritus inmundos, vacío, sin dirección, que necesita alguien ungido que rompa sus ataduras; alguien que Dios use para hacerlo libre y darle esperanza.

Acontecerá en aquel tiempo que su carga será quitada de tu hombro, y su yugo de tu cerviz, y el yugo se pudrirá a causa de la unción. (Isaías 10:27)

Dios quiere usar su vida para romper todo yugo de esclavitud a vicios, drogas, alcoholismo y otras adicciones.

En nuestro ministerio, cada anciano, ministro, diácono, mentor y líder de Casa de Paz ha sido entrenado y ha recibido la impartición de la unción de sanidad y milagros que está sobre mi vida. Prueba de esto son la gran cantidad de milagros que Dios hace en las reuniones de Casas de Paz y discipulados, usando a los líderes. Veamos uno de esos testimonios:

Durante una reunión mensual de su discipulado personal, el ministro Alberto Fonseca, oró por una de sus discípulas que sufría de incontinencia urinaria, lo que la llevaba a orinarse sin darse cuenta ni sentirlo. Por esa razón siempre tuvo que usar pañales desechables. El problema se originó cuando al nacer tuvo que ser operada de espina bífida y durante la cirugía su vejiga resultó dañada. Los médicos que atendieron su caso le diagnosticaron que ese mal no tenía cura y que toda su vida debía usar pañales desechables. De acuerdo con su testimonio, la mujer no sitió nada especial cuando se oró por ella, excepto un simple cosquilleo que le bajó por su vientre y por primera vez en 25 años sintió deseos de ir al baño a orinar. En los días siguientes, cuando se quitaba el pañal notó que estos estaban secos. Entonces se dio cuenta que había sido sanada. Así terminaron años de oprobio y extrema tristeza que incluso la llevaron a la depresión. Dios hizo el milagro completo. ¡Dios la sanó!

Existen dos diferentes clases de unciones o mantos que están operando en la tierra sobre ciertos individuos:

• **Mantos generacionales**

Esos mantos son transferidos de padre a hijos espirituales o naturales. Cuando se ha desarrollado una relación padre-hijo o mentor-discípulo, en su tiempo, el manto es transferido de una generación a otra, como ocurrió en el caso de Moisés y Josué o Elías y Eliseo.

• **Mantos especiales**

Estos mantos son dados por Dios a ciertos hombres con el fin de llevar a cabo un mandato específico, para una generación específica. Una vez cumplido el propósito, el manto no se puede duplicar. Lo podemos ver en el caso de David, de quien Dios dice que tiene un corazón conforme al corazón de Él. En toda la Biblia no hay otro hombre con un corazón semejante, excepto Jesús. David, siendo un rey disfuncional —a quien seguramente la iglesia de hoy descalificaría—, recibió un manto especial para la alabanza, la adoración y la guerra.

- **¿Cómo sabemos que tenemos un manto especial?**

Cuando se trata de un manto especial, a menudo Dios le da un anticipo de lo que sucederá en su ministerio, siempre que persevere y sea fiel. En mi caso, hace quince años, Dios me mostró lo que iba a suceder. La primera vez fue mientras predicaba en Cuba; vi todos los enfermos sanarse en un instante. También en Argentina, el Señor me mostró los milagros creativos más poderosos que hasta ese momento había visto. Después de eso no volví a verlos sino hasta el año 2000. Dios me dio, en aquel tiempo, un anticipo de lo que iba a hacer conmigo, para que fuera en pos de ello. En la actualidad, camino con ese manto especial y veo la gloria de Dios manifestarse en todo lugar donde predico.

Un manto o unción especial a menudo vendrá acompañado de una muestra de lo que sucederá en el futuro.

Cuando usted vea suceder algo extraordinario en su vida, una o dos veces, no de manera frecuente, es muy posible que eso sea un anticipo de lo que está por venir. En este momento hay mantos o unciones que están siendo desatados en la tierra; incluso mantos que nunca han estado sobre alguien antes. Si lo cree, mantenga los ojos abiertos. ¿Cuántos hombres de Dios han dejado un manto abandonado? ¿Cuántos nunca lo tomaron? ¿Cuántos mantos para la música y la enseñanza; mantos de apóstol y de profeta; mantos para la política, la adoración y la guerra espiritual están disponibles, esperando que el pueblo de Dios los tome? ¿Cuántos hombres y mujeres, ungidos con mantos poderosos, hay sobre la tierra; y cuántos de ellos no tienen hijos espirituales que sirvan ese manto para luego heredarlo?

Dicho esto, bueno es aclarar que usted nunca podrá tomar ni ponerse un manto nuevo, si antes no se despoja de la vieja capa de la religión y las tradiciones. Si no está preparado para deshacerse de lo viejo, tampoco lo estará para recibir un manto nuevo.

> *Y dijo David a Saúl: Yo no puedo andar con esto, porque nunca lo practiqué. Y David echó de sí aquellas cosas.* (1 Samuel 17:39)

Saúl puso a David su armadura para que enfrentara al gigante, pero a David no le funcionó, le resultó muy pesada y no podía moverse con aquel peso. La armadura de Saúl es una figura de lo viejo, tradicional y religioso, con lo que muchos de nosotros acostumbramos caminar; pero al contrario de David, quien de inmediato se quitó el armatoste, nosotros pretendemos caminar con eso aunque no nos guste y nos incomode. El manto viejo no le funcionó a David porque él era odre nuevo. La vieja armadura o manto viejo simboliza la religión y el esfuerzo propio; todo aquello que no produce vida ni da fruto.

A veces Dios permite que pasemos una temporada de cansancio donde no sucede nada, para que nos despojemos de ese manto viejo, porque quiere darnos uno nuevo. Percibimos en nuestro espíritu que hay algo más pero no sabemos cómo recibirlo. Otras veces nos produce frustración, desesperación, insatisfacción, para que busquemos Su rostro y pueda darnos un manto nuevo. No es tarea fácil; primeramente, porque Dios no nos ha llamado a nada fácil. Así que tenemos que prepararnos para pagar el precio.

¿Cuáles son las consecuencias de juzgar y rechazar un manto?

La Palabra dice que de la manera que recibimos un don así también recibimos un manto. Si usted no lo respeta, si lo critica, lo juzga y lo rechaza, no podrá recibir de ese manto.

El que recibe a un profeta por cuanto es profeta, recompensa de profeta recibirá. (Mateo 10:41)

¿Qué sucedió con Pablo? El apóstol permaneció tres años y medio en Corinto; enseñó, impartió y dio su vida por entero, sin embargo los corintios no crecieron ni maduraron; es decir, se quedaron niños, espiritualmente hablando. La razón fue que ellos no recibieron el manto de Dios que estaba sobre Pablo. Sin embargo, el mismo apóstol estuvo en Tesalónica tres semanas y ahí lo recibieron como el hombre de Dios y su mensaje lo acogieron como la palabra de Dios; por eso, los tesalonicenses sí crecieron, maduraron y evangelizaron toda Macedonia.

¿Qué ha sucedido con los cinco ministerios?

Y él mismo [Jesús] constituyó a unos, apóstoles; a otros, profetas; a otros, evangelistas; a otros, pastores y maestros. (Efesios 4:11)

Cuando rechazamos el ministerio del pastor no tenemos buen cuidado de las ovejas y se pierden. Si rechazamos el manto del maestro perecemos por falta de conocimiento. (Vea Oseas 4:6). Cuando rechazamos el del evangelista no hay salvación de almas en la iglesia. Cuando rechazamos el ministerio del profeta, la iglesia no tiene visión ni dirección acerca de lo que Dios está haciendo y diciendo. Si rechazamos el manto del apóstol, la iglesia no tiene dirección, visión, edificación, impartición, revelación, avance del reino ni poder sobrenatural para hacer milagros. Cada vez que rechazamos uno de los cinco ministerios, la iglesia sufre porque el puño de Dios no opera a plenitud. Cuando los recibimos, no significa que nos convirtamos en ellos, sino que somos partícipes de la unción que opera en ellos. Aunque no seamos apóstoles, al recibir a un apóstol la unción apostólica fluirá sobre nosotros. Algunos han rechazado mantos porque las personas que los llevaban se fueron a un extremo negativo, pero eso no es excusa; para eso Dios nos da discernimiento.

> *Hay mantos que no han sido usados porque fueron rechazados. El manto que usted rechaza es el mismo que le juzgará.*

Durante mis frecuentes viajes a las naciones he podido notar que, los países que me han recibido como lo que soy, han recibido mi manto de milagros, poder sobrenatural, señales, liberación, liderazgo, evangelismo, enseñanza, unción gubernamental y revelación de la Palabra. Es decir, allí la unción se ha manifestado a plenitud. Sin embargo, en los lugares donde no han recibido por completo mi manto, han experimentado las manifestaciones sobrenaturales del poder de Dios, sólo en las áreas en que lo recibieron.

Por ejemplo, cuando viajé a Venezuela el pueblo me recibió como un apóstol de Dios y mi mensaje como la palabra de Dios. Esto trajo como consecuencia que allí Dios obrara a través de mí, sanidades, milagros y señales extraordinarias. Sordos, ciegos y mudos fueron sanados; los paralíticos fueron levantados de sus sillas de ruedas y muchas otras personas que sufrían enfermedades terminales fueron sanadas y liberadas al instante.

> *¡No toquen a mis ungidos! ¡No maltraten a mis profetas!* (1 Crónicas 16:22, NVI)

En este versículo, la palabra *"toquen"* tiene una connotación negativa; implica ir en contra de alguien, criticarlo, maldecirlo, obstaculizar su operación o matar su influencia. Entonces, tocar a un ungido de Dios es tocar a Dios mismo. No se puede tocar al ungido sin tocar el manto divino que está sobre él.

Consecuencias de tocar el manto

- **Aarón y María tocaron el manto de Moisés.**

> *María y Aarón hablaron contra Moisés a causa de la mujer cusita que había tomado.* (Números 12:1)

- **El juicio viene a María.**

  ¿Por qué, pues, no tuvisteis temor de hablar contra mi siervo Moisés?...He aquí que María estaba leprosa como la nieve.   (Números 12:8, 10)

- **El juicio viene a Aarón.**

  Toma a Aarón y a Eleazar su hijo, y hazlos subir al monte de Hor, y desnuda a Aarón de sus vestiduras.
                                                (Números 20:25–26)

Quiero ilustrar esta parte con un testimonio: En cierta oportunidad, una persona se fue de la iglesia disgustada conmigo y con el liderazgo. No conforme con eso, se tomó el trabajo de ir a varios medios de comunicación de la ciudad con el fin de difamarme. Se unió además a otros pastores con el propósito de criticarme y juzgarme. Poco tiempo después me enteré que repentinamente, le había sobrevenido cáncer. Oré por esa persona, pero sentí en mi corazón que la razón por la que tan terrible enfermedad la había atacado repentinamente era porque había tocado el manto de Dios que está sobre mí. Así que un día le mandé decir que quería hablar con ella para que pudiera sanar su corazón, pero no quiso venir. Dos años más tarde el cáncer la mató.

Mientras escribo, el Señor pone en mi corazón que la verdad expresada en este capítulo va a salvar muchas vidas de la muerte espiritual, financiera, familiar y física; porque hay quienes han estado maltratando el manto de los ungidos de Dios sin conocer lo delicado del asunto. Si no se arrepienten vendrá juicio sobre sus vidas; en cambio, si se arrepienten Dios los restaurará y recibirán los beneficios de esos mantos.

El principal enemigo de la unción

El principal enemigo de la unción es la familiaridad; es tomar livianamente —no respetar— el manto que está sobre un hombre o mujer de Dios. La incapacidad para recibir que tienen las personas cercanas a ellos va de la mano con la familiaridad que han desarrollado hacia el siervo y hacia su unción. Comenzaron a tomar livianamente el manto; ya no se sientan a recibir o a tomar notas; ya no oyen la Palabra con reverencia, con la intención de obedecer. Comienzan a darle prioridad a otras cosas y el estar sentados bajo ese manto ya no les trae gozo; no tienen expectativa para recibir como antes.

Cuando una persona se familiariza con el hombre de Dios no podrá jalar nada de su manto.

¿Cómo ponemos demanda sobre el manto o la unción de un hombre?

La demanda se manifiesta por medio de la fe. A veces, cuando un pastor está predicando y en medio del sermón se detiene para llamar a alguien con una condición específica —puede ser una persona enferma o deprimida— y orar por ella, es porque por fe se le puso una demanda. Algunos predicadores luchamos al ministrar y enseñar por causa de la familiaridad y el conformismo. Una vez que la gente se conforma ya no ejerce la misma demanda sobre la unción del hombre de Dios; por eso ya no se manifiesta en ellos. La familiaridad produce conformismo y la falta de respeto lleva a que la gente no pueda tomar su porción de ese manto. En mi caso, hay personas que están cerca de mí, cerca del manto o de la unción de milagros, sanidades y liberación, pero prefieren ir al médico en vez de pedirme que ore por ellas. Yo creo que Dios usa los médicos y es correcto ir a ellos, sino muchos hubieran muerto; sin embargo, como creyentes, primero tenemos que ir a Dios. ¿Qué pasó? Se familiarizaron y ya no tienen fe en el poder que fluye de ese manto. Otras veces es por vergüenza o miedo que no van al hombre de Dios, lo cual también es familiaridad.

Si una persona no puede tomar de lo que hay en mi manto significa que no está lista para recibirlo.

¿Cómo trabajan la unción y la fe?

La unción nunca es tomada por gente escéptica sino por aquellos que ejercen fe. Ésa es la razón por la que durante una prédica, uno se inclina más hacia un sector de la congregación que al otro. De seguro que allí hay alguien poniendo demanda sobre la unción, alguien ejercitando su fe. La gente absorbe el don que hay en ese manto. Al final el predicador no necesita ministrar a esa gente porque ya recibió con la Palabra.

Cuando una persona no pone demanda sobre la unción no puede ser un recipiente de la unción.

La fe puede mantener a un hombre predicando aun cuando no quiera seguir. A veces no se entiende, y es debido a que alguien en ese lugar está poniendo demanda, hasta que algo suceda.

La fe de una persona puede influenciar fuertemente la unción de un hombre de Dios.

¿Cómo recibir los beneficios de un manto?

Siempre le pregunté al Señor cómo hacer para que la unción que estaba sobre mí fluyera también a través de mis hijos espirituales. Entonces comencé a notar que unos fluían en la plenitud de mi manto, otros en la mitad y otros en casi nada. Luego, me enseñó cuatro principios para recibir los beneficios del manto o de la unción:

> *Es como el buen óleo sobre la cabeza, el cual desciende sobre la barba, la barba de Aarón, y baja hasta el borde de sus vestiduras.* (Salmos 133:2)

1. Reconocer el manto.

Reconocer el manto significa, entender que el líder es la persona que Dios ha elegido para que sea un maestro sobre nuestra vida. Es la persona que nos llevará a recibir nuestra herencia y debemos aprender de él y seguirle. Ese hombre o mujer será el recipiente que Dios use para derramar sobre usted la unción, para desatarlo en su propósito o destino y para que usted también pueda fluir en la misma unción.

2. Recibir el manto.

Tenemos que recibir a ese hombre como el ungido de Dios, y entender que su mensaje es la palabra viva de Dios. No obstante, es importante entender que los hombres ungidos por Dios también tienen debilidades y fortalezas, así que no podemos pretender que sean perfectos para recibirlos.

Usted no puede recibir las fortalezas de un ungido si no acepta sus debilidades.

---

3. Honrar el manto.

La honra se demuestra con obediencia y sumisión, verbal y materialmente. En el Antiguo Testamento ninguna persona venía al hombre de Dios con las manos vacías; no porque éste lo necesitara ni para comprar la unción, sino por un principio de honra. La Biblia demuestra el poder de la honra, cuando Dios afirma que si le damos un vaso de agua a un profeta tendremos recompensa de profeta.

La honra nos da acceso al sistema de recompensas de un hombre de Dios.

Éste es el caso de mi hijo espiritual, el Pastor Alejandro Espinoza, de Honduras, a quien Dios ubicó bajo mi cobertura hace poco más de 5 años, cuando tenía una congregación de apenas 150 personas. Hoy en día su congregación ha crecido hasta superar las 2.000 personas y Dios lo está usando para realizar sanidades, señales, milagros y maravillas. Su iglesia es en la actualidad una de las más crecientes de ese país centroamericano.

4. Servir al manto.

Esto implica trabajar, sembrar en ese manto, hacerlo sin una agenda escondida, sino amando al hombre de Dios y el manto que Dios ha depositado sobre él. En una oportunidad el Señor me dijo: "Cuando tus discípulos e hijos espirituales obedezcan estos principios fluirán en tu misma unción". Y efectivamente he sido testigo, una y otra vez, que todos aquellos que obedecen estos cuatro principios manifiestan la misma unción del manto que está sobre mí.

Como ejemplo, observemos el caso de mi hijo espiritual el Pastor Miguel Bogaert, de República Dominicana, a quien tomé bajo mi cobertura cuando apenas iba a comenzar su ministerio con 40 personas. Cinco años más tarde su iglesia sobrepasa las 4.000 personas y Dios lo está usando poderosamente para realizar señales, milagros y maravillas, con el fin de impactar República Dominicana.

Usted sólo puede cargar un manto
al que también sirve.

¿Cuáles son las señales de que Dios ha desatado un nuevo manto?

- Dios pone hambre y sed que no pueden ser saciados, y estos son las que ponen demanda sobre el manto. Si Dios cortara el fluir de la unción yo terminaría haciendo oraciones de cortesía. Muchas veces, cuando paso cerca de la gente, siento que no hay hambre ni sed que jalen esa unción.

- Dios cambia nuestro apetito espiritual. Si antes nos conformábamos con cualquier cosa; ahora queremos comer mejor. Ya no queremos sólo leche espiritual sino que buscamos saciarnos con carne y vianda; ya no nos gustan tan seguidos los mensajes de inspiración y motivación, ahora queremos mensajes que nos edifiquen, maduren, disciplinen, que nos lleven a comprometernos y a buscar más a Dios.

- Dios pone en su corazón un fuerte deseo de cambio. No importa qué edad usted tenga, si está preparado para cambiar Dios pondrá un manto y una impartición nuevos sobre usted. Hay gente que anhela vino nuevo pero no está lista para cambiar su odre, por eso Dios no puede derramarlo sobre ella.

¿Cómo se transfiere el manto y la impartición?

- **Dios desata el manto directamente sobre la persona.**

En la mayoría de casos la persona recibe una revelación, el mandato de parte de Dios, o una visitación sobrenatural, tal como sucedió con el Señor Jesús y otros hombres.

- **Una persona transfiere su manto a otro.**

Esto sucede por tres vías: ambiente, asociación e influencia.

Sus bendiciones y su destino están asociados a aquellas personas con las que Dios le ha conectado.

Esa es la razón por la cual las relaciones divinas son tan peleadas por el diablo. El enemigo no pelea por pelear. Cuando Dios te conecta con alguien, Satanás hace hasta lo imposible para destruir esa relación, pues si las dos personas no se juntan el propósito no se cumple. Dios traerá relaciones para que te conectes; por tanto, hay que estar listos para discernir esas relaciones. La mayoría de mis discípulos terminan siendo adoptados como hijos espirituales; en esa relación ellos capturan el espíritu del manto que está sobre mí, y aprenden la manera en que el Espíritu Santo se mueve en mí. Cuando obedecen los cuatro principios que compartí antes, muchos comienzan a moverse bajo la misma unción; sin embargo, quienes se desconectan de mi cobertura, sin la dirección de Dios, pierden la unción porque ésta funciona por ambiente, asociación e influencia.

La unción que usted recibe por asociación, la pierde cuando comienza a criticar el manto que se la da.

¿Cuáles son los pasos para recibir un manto e impartición?

1. Sentir hambre, sed y necesidad.

Aquellos que tienen un genuino deseo de portar una unción son los mejores candidatos para recibirla. En lo natural, cuando una persona tiene hambre tiende a olvidar las normas de cortesía porque sólo busca satisfacer su hambre con gran anhelo. En el ámbito espiritual sucede lo mismo; sólo las personas con hambre y sed por la unción de Dios son candidatas a recibir un manto y una unción.

El hambre y la sed se manifiestan en un individuo cuando está consciente de su necesidad personal de recibir la unción. Si no está consciente de esa necesidad, entonces no la va a buscar con pasión, y tampoco tomará riesgo alguno para conseguirla. Sin embargo, en algunos casos, a medida que pasa el tiempo, esa pasión por la unción como que se va apagando y dejamos de estar conscientes de lo necesaria que es para nuestra vida. Y esto no debe ser así. En cierta ocasión alguien me preguntó cómo hacía yo para mantenerme sediento y hambriento del poder de Dios. Mi respuesta fue sencilla: Siempre estoy consciente de mi necesidad de Dios.

2. Estar preparados para pagar un precio.

Uno de los grandes engaños de la gente es pensar que la unción es gratis.

¿Cómo darle algo que me ha tomado 20 años cultivar, a alguien que no está dispuesto a pagar el precio? Si no está dispuesto al sacrificio tampoco estará dispuesto a ser perseguido por causa de ese manto. Hay un sinnúmero de predicadores que han abaratado la unción; en consecuencia, la juventud de hoy ve la carrera pastoral como una más, no como un llamado al ministerio. Por eso yo no impongo manos a la ligera, sino sólo sobre aquellas personas que realmente tienen sed y hambre del poder sobrenatural de Dios.

La imposición de manos, al transferir un manto, sirve para:

- Activar
- Impartir
- Identificar

Yo no puedo activar algo en una persona si eso lo va a matar. Tampoco puedo clarificar un llamado en alguien si no quiere hacer la voluntad de Dios. No puedo impartir unción sobre aquel que no la va a usar para bendecir a otros. Mucho menos puedo imponer mis manos sobre alguien que no se identifica con la unción que está sobre mí. ¿Cuánto desea usted el manto que está sobre el hombre de Dios? ¿Cuánto ama a ese hombre? ¿Puede soportar la persecución que ese manto le traerá? ¿Está dispuesto a aguantar crítica, persecución y rechazo? Hoy en día estamos activando gente rebelde por naturaleza. Por eso es importante que el pastor sepa escoger su liderazgo a fin de poder activarlo con su manto e impartición.

3. La unción o manto debe ser sembrado, no tirado.

Aquí es donde comienza a sembrarse la paternidad y el discipulado: enseñando, entrenando y equipando a los discípulos en forma continua. Si una semilla se tira se desperdicia, en cambio si se siembra, crece y da fruto. Cuando el manto o unción se siembra, la gente comienza a fluir en el mismo manto, porque es lo que ha recibido. Recuerde que toda semilla crece según su especie. De esa manera he levantado cientos de hombres y mujeres alrededor del mundo; entre ellos, apóstoles, profetas, pastores, evangelistas y maestros; líderes, hombres de negocios, gente de gobierno, intercesores, ancianos, discípulos y mentores, todos los cuales ahora mismo están fluyendo en la misma unción que yo fluyo. A medida que la relación mentor-discípulo o padre-hijo, crece, aumenta también el fluir del manto y su manifestación. Eso nos indica que el manto está creciendo.

Usted fluirá en la misma unción
del manto al cual sirve.

4. El manto debe ser cultivado.

Para que la unción crezca usted debe cultivar el manto, y eso lo logra permaneciendo conectado a la fuente de donde salió ese manto. Si no lo cultiva la unción comienza a debilitarse. Durante mi experiencia con los hijos espirituales que he enviado a abrir sus propios ministerios, he encontrado que los que se desconectaron de mi manto, por la razón que fuera, menguaron en el crecimiento de sus iglesias y en el fluir del poder de Dios en sus vidas. En otras palabras, se desaceleraron, la unción disminuyó; porque cuando se opera bajo una unción recibida por asociación, y no se continúa alimentando por medio de una relación con la cabeza, eventualmente, termina perdiéndose.

5. Las relaciones deben cambiar para mejorar.

Dios hará un recambio de las personas cercanas a usted, porque una de las claves para ser portadores de la unción es que no puede estar ligado emocionalmente a personas que son un obstáculo para que usted reciba y fluya en una unción nueva. Especialmente, si esas personas tienen una mentalidad tradicional, denominacional y rígida, que no le permiten cambiar para mejorar.

En conclusión, es importante que discernamos el presente mover de Dios. Hay olas y movimientos del Espíritu que no podemos dejar pasar, porque si no entramos en ellas nos quedamos atrás y luego nos damos cuenta que Dios ya no está donde antes estaba; por eso la iglesia necesita vivir en una búsqueda continua de revelación divina. La supervivencia de la iglesia estará determinada por el grado de preparación que tenga para caminar en lo sobrenatural. Dios está levantando una generación que sabe caminar en la dimensión de la eternidad y sabe sacar las riquezas del mundo espiritual. Esta generación también conoce que el propósito de la unción es bendecir a otros, sanar a los enfermos, hacer milagros y maravillas, tal como Jesús nos mandó. Nosotros fuimos escogidos y ungidos para la acción. Ahora, debemos tomar la decisión de ir y hacer, porque el poder de Dios ya está en nosotros y sobre nosotros.

Resumen

- La unción, como parte integral del poder sobrenatural de Dios, es la habilidad divina dada al creyente para hacer la obra del ministerio.

- El aceite para la unción santa, que representa al Espíritu Santo se hacía con mirra, simbolizando los sufrimientos y el precio de la unción; canela, aludiendo la firmeza y estabilidad del carácter requerido para operarla; cálamo, que representa los dones y la autoridad;

casia, que significa la oración, alabanza y adoración; y el aceite, que simboliza la presencia del Espíritu Santo como la persona que unge.

- La unción es para consagrar, identificar y preparar a un hombre o una mujer para manifestar la gloria de Dios.

- El don y el talento si no van acompañados por la unción no pueden traer la gloria.

- Hay dos tipos de unción: la personal y la corporal.

- Jesús tenía dos mantos: el de Su gloria y el de Su humanidad, que es el manto de la unción. Él se despojó del primero y operó en la tierra sólo con el segundo.

- El manto de la unción es nuestra cobertura en la tierra. La impartición es dar porciones de ese manto a otros.

- La unción es para bendecir a los demás, no para uso personal y egoísta.

- Hay mantos generacionales para transferir y mantos especiales que tienen un propósito específico.

- El principal enemigo de la unción es la familiaridad con el hombre de Dios o con el manto de la unción que porta.

- La unción es activada por la fe que pone una demanda.

- Para recibir los beneficios de un manto tenemos que: reconocerlo, recibirlo, honrarlo y servirlo.

- Las señales que nos indican que Dios está desatando un nuevo manto son: hambre y sed insaciables, cambio de apetito espiritual y un fuerte deseo de cambio.

- Hay dos formas o métodos para transferir un manto: Dios desata el manto sobre un hombre directamente, o alguien transfiere su manto a otro, por medio de la asociación.

- Los pasos para recibir un manto e impartición son: Hambre, sed y necesidad de portar la unción, estar preparados para pagar el precio, que el manto sea sembrado y no tirado, cultivar el manto y cambiar de relaciones.

7

La gloria: Tercera dimensión de lo sobrenatural

En los capítulos anteriores hemos estudiado las primeras dos dimensiones de lo sobrenatural: la fe y la unción. Ahora nos toca entrar a la tercera dimensión, que es la gloria de Dios. Ninguna de estas tres dimensiones son iguales, sin embargo, las tres se complementan. En este capítulo veremos cómo opera la gloria de Dios y cómo podemos manifestarla en la tierra por medio del conocimiento revelado. He diseñado este capítulo de manera que, al leerlo, usted pueda hacer la transición de la unción a la gloria, a la vez que despierte en la presente generación el hambre y la sed por mudarse a vivir permanentemente en la presencia de Dios.

La gloria en el principio de la creación

Entonces Jehová Dios formó al hombre del polvo de la tierra, y sopló en su nariz aliento de vida, y fue el hombre un ser viviente. (Génesis 2:7)

En el principio, Dios creó al hombre a su imagen y semejanza; lo formó del polvo de la tierra y sopló aliento de vida sobre su nariz. Ese aliento incluía Su gloria. En el primer hombre, Dios se impartió a sí mismo; todo lo que Él es: Sus virtudes, Su naturaleza y Su gloria, le fueron infundidos. En aquel ámbito, la mente del hombre funcionaba al 100 por ciento, porque la misma mente del Espíritu operaba en él para ejercer dominio sobre la creación. El hombre, dentro la gloria de Dios, no sabía enfermarse, morir, ser pobre, vivir deprimido o estar triste, porque su diseño original no reconocía esos estados. Igualmente, él podía sembrar y recibir una cosecha al instante; no tenía que esperar para recoger la cosecha, porque esperar implica un espacio de tiempo y la gloria es eternidad, donde todo es ahora. Conforme una semilla tocaba el suelo un árbol o una planta crecía. Dice la Escritura que al momento de la creación todo estaba crecido. Incluso Adán no tuvo que pasar por las etapas de crecimiento que nosotros pasamos. Aquí es importante remarcar que Jesús sí vivió todas esas etapas; por eso tiene la capacidad de entender lo que es ser un niño, un adolescente o un adulto; sabe lo que es ser rechazado, juzgado y condenado; cosas que Adán no conoció antes de la caída. En la dimensión de gloria, la tierra es totalmente fértil; el orden es cosecha-semilla y no al revés. La mente de Adán era tan brillante que pudo darles nombre a todos los animales y ejerció señorío sobre todo lo creado sin problema alguno. Estaba totalmente capacitado para hacerlo sin esfuerzo, porque moraba en la gloria de Dios. Entonces, ¿qué sucedió después que Adán pecó?

> *Por cuanto todos pecaron, y están destituidos de la gloria de Dios.*   (Romanos 3:23)

Dios vino al huerto del Edén a buscar a Adán, pero en vez de poder compartir con él, por la transgresión del hombre terminó maldiciendo la tierra y quitándole Su presencia. Entonces inhaló su gloria del cuerpo de Adán. El hombre había salido de la dimensión de gloria. A partir de ese momento Adán comenzó a morir, aunque su muerte no fue inmediata. Como dato de interés podemos decir que, el residuo de gloria que permaneció en Adán alcanzó para que viviera 930 años. Esa herencia se transfirió por varias generaciones, que también vivieron varios cientos de años.

Todo lo que posee la gloria de Dios tiene vida.
La muerte es señal de la ausencia de Su gloria.

Cuando Adán pecó algo sucedió en la mente del hombre; muchas líneas de conocimiento verdadero fueron desconectadas de su fuente original y el cerebro humano perdió el mayor porcentaje de su funcionamiento. Los científicos coinciden en que actualmente usamos sólo diez por ciento de nuestra capacidad cerebral. Esto quiere decir que Adán sustituyó el infinito conocimiento revelado por un conocimiento racional limitado. En el caso de Albert Einstein, cuya capacidad de razonamiento sobrepasó el promedio humano, no llegó a usar más del doce por ciento de su capacidad cerebral. De manera que, si con estas limitaciones el ser humano ha hecho tantos inventos, ha ido y venido del espacio y ha descubierto la cura a tantas enfermedades, ¿cómo sería la mente de Adán bajo la gloria de Dios? Por eso, tenemos que recuperar nuestra capacidad mental. A esto se refiere también la *renovación de la mente* de que habla la Biblia. Después de la caída de Adán, Dios maldijo la tierra y el hombre se desconectó de la gloria. Por eso, ahora el proceso de provisión ya no es cosecha-semilla, como fue en el principio, sino que es: semilla-tiempo-cosecha.

Mientras la tierra permanezca, no cesarán la semente-
ra y la siega, el frío y el calor, el verano y el invierno, y
el día y la noche.   (Génesis 8:22)

Hoy transitamos a través de procesos y *todo* toma un tiempo. Nos la pasamos esperando para recoger una cosecha o para alcanzar una meta; esto, debido a la maldición que nos sujetó al tiempo. Por ese motivo Dios nos dio la fe, para romper la ley del tiempo. Cuando Su presencia está, todo lo natural se acelera y aparece lo sobrenatural.

He aquí vienen días, dice Jehová, en que el que ara
alcanzará al segador, y el pisador de las uvas al que
lleve la simiente.   (Amós 9:13)

La palabra clave en este versículo es *alcanzará*. Dios nos está prometiendo que en el momento que usted siembre una semilla, Él desatará la casa, el trabajo o cualquier otra cosa que usted pida, creyendo que va a recibir. He visto a Dios pagar deudas en un instante. Ésa es la razón por la cual usted debe permanecer lleno de fe. Su semilla activará la promesa para que Dios obre aceleradamente. Ahora que hemos entendido la caída del hombre, pasemos a estudiar la revelación de la gloria.

¿Qué es la gloria de Dios?

En hebreo hay una palabra que define la gloria, y es *kabód*, que proviene de la raíz *kabéd* que literalmente significa peso o riqueza. Esta palabra se usaba en la antigüedad para describir a un hombre riquísimo, famoso, de gran reputación, y también para referirse a Dios. Otros significados son honor, fuerza, poder, entorno, majestad, hermosura, reconocimiento, santidad, grandeza y magnificencia. En el original griego del Nuevo Testamento la palabra que se utiliza es *doxa* cuyo significado apunta a la fama, reputación, abundancia, riqueza, dignidad, resplandor y honra. En suma, el significado fundamental de la gloria, tanto en hebreo como en griego, incluye o implica todo lo que Dios es, con todos sus atributos, virtudes, carácter, naturaleza y perfección. La gloria de Dios es la esencia intrínseca de lo que Él es y Su misma presencia. Existe asimismo la gloria de los hombres y la gloria del mundo, las cuales son descritas en la Biblia como vanas y pasajeras; que consisten en ganar prestigio, fama, posición, comodidad, reputación y reconocimiento.

> *Los deseos de la carne, los deseos de los ojos y la vanagloria de la vida no provienen del Padre sino del mundo.* (1 Juan 2:16)

De igual forma, la Palabra habla de la gloria de los cuerpos terrenales y la gloria de los cuerpos celestiales. Nos enseña que la gloria que un cuerpo refleja por fuera, muestra lo que es por dentro. Lo que se ve es el valor intrínseco del cuerpo, es decir, su esencia o valor interno.

Y hay cuerpos celestiales, y cuerpos terrenales; pero una es la gloria de los celestiales, y otra la de los terrenales. (1 Corintios 15:40)

La gloria de Dios es la manifestación visible y tangible del total de Su presencia impactando los sentidos físicos. Es Dios mismo haciéndose tangible. En el Antiguo Testamento se manifestó en forma de nube, llamada *shekiná* que significa "aquel que habita". Esto se refiere a Dios viviendo en Su pueblo; describe la inminente presencia de Dios que *trasciende*. Esto significa que Dios se manifiesta en el ámbito físico, pasa del mundo espiritual al mundo natural. *Shekiná* viene de la raíz *shakán* que implica residir permanentemente, tenderse para descansar. El deseo y la voluntad de Dios siempre han sido habitar, reposar, vivir entre y con Su pueblo. Por dicho motivo Dios se muestra de forma visible y tangible.

La gloria de Dios es la presencia manifestada del Dios Yahweh.

- **Dios se le apareció a Abraham.**

  El Dios de la gloria apareció a nuestro padre Abraham, estando en Mesopotamia, antes que morase en Harán. (Hechos 7:2)

  La aparición física o la visitación de la gloria de Dios fue lo que transformó a Abraham para siempre. Cambió sus motivos, sus prioridades, sus intenciones y su vida entera. Esto causó que fuera en pos de la tierra Prometida. Asimismo, hoy en día, todo aquel que experimenta una visitación de la gloria de Dios debe ser transformado para siempre. Estos son los hombres que reciben una revelación de Dios y traen la gloria a esta dimensión natural.

- **Dios manifiesta Su gloria al pueblo de Israel.**

  Así era continuamente: la nube lo cubría de día, y de noche la apariencia de fuego. (Números 9:16)

Dios manifestó Su gloria al pueblo de Israel en forma de nube y columna de fuego; la nube los protegía de las incandescentes temperaturas del desierto durante el día, y el fuego los calentaba durante la noche, cuando las temperaturas bajan a punto de congelación. Bajo esa gloria o *shekiná* se produjeron muchos sucesos sobrenaturales: el Mar Rojo se abrió ante ellos, el maná diario descendió del cielo, y el calzado nunca se gastó; en cuarenta años no hubo enfermos; Dios proveyó agua de la roca; los gigantes no pudieron entrar, y muchos otros sucesos sobrenaturales. La gloria de Dios también se manifestó en forma de nube, cuando el templo que edificó Salomón fue dedicado; esto fue una señal que Jehová habitaba con Su pueblo.

• **Dios reveló Su gloria a través de Cristo.**

> *Y aquel Verbo fue hecho carne, y habitó entre nosotros (y vimos su gloria, gloria como del unigénito del Padre), lleno de gracia y de verdad.* (Juan 1:14)

Jesucristo vino a revelar la gloria del Padre que Adán perdió; y a través de Su muerte y resurrección nos llevó de regreso a esa dimensión de gloria, para que hoy podamos caminar, como Adán lo hizo en el principio.

> *Pero vemos a aquel que fue hecho un poco menor que los ángeles, a Jesús, coronado de gloria y de honra, a causa del padecimiento de la muerte, para que por la gracia de Dios gustase la muerte por todos. Porque convenía a aquel por cuya causa son todas las cosas, y por quien todas las cosas subsisten, que habiendo de llevar muchos hijos a la gloria.* (Hebreos 2:9–10)

Jesús soportó nuestra vergüenza para que pudiéramos compartir Su gloria.

Todo lo que es el Padre —virtudes, atributos, carácter, naturaleza, poder, autoridad y gracia—, fue manifestado por el

Hijo en la tierra. Además, Jesús prometió manifestarse a aquellos que le obedecen a Él y al Padre.

El Hijo es el resplandor de la gloria de Dios, la fiel imagen de lo que él es, y el que sostiene todas las cosas con su palabra poderosa. (Hebreos 1:3, NVI)

Antes de ser arrestado, Jesús oró al Padre pidiendo que le regresara a la humanidad la gloria que había perdido, para que entonces, cada creyente pudiera vivir en su manifestación.

Como tú me enviaste al mundo, así yo los he enviado al mundo. Y por ellos yo me santifico a mí mismo, para que también ellos sean santificados en la verdad.... La gloria que me diste, yo les he dado, para que sean uno, así como nosotros somos uno....Para que vean mi gloria que me has dado. (Juan 17:18–19, 22, 24)

En el testimonio que presento a continuación podemos apreciar lo que sucede cuando caminamos en la dimensión de la gloria de Dios:

Un buen día llegó a nuestra iglesia un hombre infectado con SIDA. En ese entonces sólo era portador del virus, pero al manifestarse la enfermedad, empezó a debilitarse y hasta el color de su piel comenzó a cambiar; se puso muy pálido, se cansaba de nada, comenzó a sentir stress, no podía dormir, tenía vómitos, incluso le empezaron a salir unas feas manchas en la piel las cuales rápidamente se reprodujeron en todo su cuerpo, hasta que su sistema inmunológico quedó anulado por completo. Cuando llegó a la iglesia, oré por él, reclamando su sanidad desde la dimensión de la gloria de Dios. Conocía que la enfermedad es incurable para la ciencia humana, pero también sabía el poder sobrenatural de Dios para hacer las cosas que parecen imposibles para los hombres. Como aquel hombre tenía un gran deseo de vivir, recibió la Palabra y demandó su sanidad. De la misma manera como había visto avanzar el mal día a día, también lo vio retroceder. Las manchas comenzaron a desaparecer, los exámenes de su sistema inmunológico mostraban un aumento sostenido de sus defensas. Al poco tiempo recuperó las fuerzas y la vitalidad de su organismo. ¡Dios lo sanó por completo! Hoy en día, ese hombre es un ministro de nuestra iglesia, un hombre con gran don de servicio, un corazón agradecido con Dios y un apasionado por la intercesión.

¿Cómo entrar en el ámbito de la revelación y la manifestación de Su gloria?

La Escritura afirma que la tierra está llena de la gloria de Dios, pero el canal de acceso o la herramienta para verla manifestada en el plano natural es la revelación, no la razón. Es cierto que la presencia de Dios está en todo lugar pero no en todo lugar se manifiesta.

> *Santo, santo, santo, Jehová de los ejércitos; toda la tierra está llena de su gloria.* (Isaías 6:3)

Como vemos en el verso anterior, cuando Dios creó los cielos y la tierra los llenó con Su gloria. Sin embargo, el punto importante que deseo destacar se encuentra en el primer capítulo del libro de Génesis, que relata que antes que Dios iniciara la creación envió a su Espíritu Santo con el fin de que generara un campo de Su propia energía —Su gloria—, para que entonces la creación fuera posible.

> *Y el Espíritu de Dios se movía sobre la faz de las aguas.* (Génesis 1:2)

Cada vez que Dios va hacer algo, primero mueve Su Espíritu Santo y luego envía Su Palabra.

En el original en griego, Pablo hace referencia a la energía de Dios, que es Su gloria, y afirma:

> *Para lo cual también trabajo [kopiáo], luchando [agonízomai] según la potencia [enérgeia] de él, la cual actúa*

[energéo] poderosamente [dúnamis] en mí.

(Colosenses 1:29)

Traducido literalmente al español moderno, lo que el apóstol nos está diciendo es que él trabaja duro, hasta el cansancio; se esfuerza como quien compite por un premio, debido a la energía o poder que Dios le da, el cual activa y opera un poder milagroso, que eleva al máximo su capacidad, potencia y potestad.

Esa energía de Dios está en la tierra, desde el principio, aunque sólo se manifiesta por medio del conocimiento revelado. Veamos un ejemplo muy sencillo: ¿Ha llegado muy cansado a un servicio en la iglesia, pero al manifestarse la presencia de Dios renovó sus fuerzas, salió reanimado y descansado? Eso se debe a que usted sintió un leve roce de la poderosa energía de Dios.

La gloria de Dios provee la energía necesaria para crear cualquier materia.

La gloria de Dios está sobre toda la tierra, desde la creación, pero debido al pecado no hemos podido verla y mucho menos manejarla. Esto quiere decir que, si la gloria o energía divina está en la tierra y sirve para crear, entonces Dios puede crear un corazón nuevo, un pulmón nuevo, un oído nuevo, un ojo nuevo, un brazo nuevo, o cualquier otro órgano que haga falta. Pero esto sólo ocurre cuando el Espíritu Santo se mueve y cuando Dios habla Su Palabra. Entonces, la clave radica en saber atraer la gloria de Dios a una manifestación visible dentro de la dimensión natural. Por lo demás, Dios ya habló y decretó Su voluntad desde que Jesús pagó el precio en la cruz.

La gloria de Dios sin conocimiento revelado no tiene sentido.

A continuación, veamos un testimonio de lo que sucede cuando declaramos la Palabra de Dios desde la dimensión de

Su gloria. Esta es la historia de una mujer que a la edad de nueve años recibió un diagnóstico de tuberculosis pulmonar. Los médicos en aquel momento, tuvieron que removerle uno de sus pulmones a fin de detener el avance de la enfermedad. Después de eso, su respiración nunca más volvió a ser normal, ya que sólo respiraba con el pulmón que le quedaba. Al poco tiempo se restableció, pero durante los veinte años siguientes padeció de cansancio, dolor intenso y sangrado esporádico. Cuando todo parecía mejorar en su vida, a tal punto que hasta había conseguido un buen trabajo, los sangrados se hicieron más frecuentes. Los médicos que la examinaron, comprobaron que los síntomas iban de mal en peor. La primera vez que llegó a nuestra iglesia fue porque alguien la invitó a una cruzada de sanidad y milagros. En medio del servicio, cuando declaré milagros creativos, ella le creyó a Dios y tomó el suyo. En el instante sintió que respiraba aceleradamente y con más fuerza, como nunca antes lo había hecho. En un paso de fe corrió hacia el altar. Los médicos allí la examinaron y constataron que tenía dos pulmones funcionando a toda su capacidad. Posteriormente, su propio médico le tomó varias radiografías, las cuales comparó con las de visitas anteriores, y su diagnóstico no se hizo esperar: ¡Esto es un milagro! —dijo asombrado el galeno. Dios había colocado un nuevo pulmón donde antes no existía, y éste funcionaba de manera normal y saludable. ¡Dios me sanó! ¡Tengo un pulmón nuevo! ¡Tengo mis dos pulmones! —gritaba la mujer.

**La gloria de Dios está en la tierra,
pero nos falta conocimiento para manifestarla.**

¿Qué es el conocimiento revelado?

*Porque la tierra será llena del conocimiento de la gloria
de Jehová, como las aguas cubren el mar.*

(Habacuc 2:14)

La palabra *"conocimiento"* usada en el verso anterior es el vocablo hebreo *yadá* que significa percibir, entender, adquirir conocimiento. También significa conocer a una persona en la intimidad, tal como es usada en Génesis 4:1 donde se describe la intimidad sexual entre Adán y Eva. En griego, *"conocimiento"* se puede traducir como *gnosis* o como *epignosis*. El primero es el conocimiento científico o teórico, mientras que el segundo se refiere al conocimiento experimental o práctico; *epignosis* es reconocer o ser reconocido, es entrar en contacto íntimo con el objeto a conocer. Si sabemos que la tierra está llena de la gloria de Dios, entonces lo que nos hace falta para ver las manifestaciones es el conocimiento revelado, que viene a nuestro espíritu cuando tenemos relación íntima con Dios. Así, el conocimiento es revelado por el Espíritu Santo para que lo vivamos y lo experimentemos, no para que se quede en simple conocimiento mental.

Ningún conocimiento es nuestro hasta que lo obedecemos, practicamos y experimentamos.

La gloria de Dios debe ser revelada por el Espíritu, no se puede conocer por la razón; no es asunto de estudiarla como un tema más sino que hay que tener una experiencia con ella. No debe ser sólo un mensaje porque se trata del mover de Dios en los tiempos finales. No es algo que inicia un hombre sino que es iniciado por Él y para Él, por lo cual no hay punto de referencia ni existe un patrón establecido para fluir en Su gloria. Somos la generación que verá la gloria primera y la postrera manifestarse juntas; de ahí que Dios esté levantando apóstoles y profetas para que traigan esa revelación a nuestra generación. Él está abriendo los cielos para verter la revelación que necesitamos con el fin de manifestar Su gloria, porque sin ella no podremos ver más de lo que ya hemos visto hasta hoy. Hay muchas manifestaciones que la iglesia ha estado buscando por años, décadas y siglos y no han ocurrido; no porque Dios no haya querido sino porque la iglesia no tiene la fe ni el conocimiento para materializar la gloria, y sólo la tendrá cuando le sea revelado el conocimiento necesario.

Cuando usted tiene una revelación de Dios, ésta indiscutiblemente lo llevará a tener una experiencia sobrenatural.

Si hay una temporada en la que Dios ha entregado el conocimiento revelado de Su gloria, esa temporada es ahora. Muchos profetas, entre los cuales podemos nombrar a Isaías, Habacuc y Hageo, la profetizaron pero no la vivieron. Murieron con la esperanza puesta en esta era, y esto nos lleva a discernir que estamos transitando el mover final de Dios, donde toda la tierra será llena del conocimiento de Su gloria. Entonces presenciaremos las más grandes manifestaciones jamás vistas en la historia de este planeta y ningún hombre podrá atribuirse esa gloria. Para que se manifieste la gloria tiene que ser capturada, recibida y reconocida por nuestro espíritu a través de la revelación del Espíritu Santo. Conozco personas que comenzaron a ver las manifestaciones de la gloria de Dios, pero no pudieron continuar viéndolas porque las recibieron por impartición de otra persona; es decir, no tenían la revelación directa de Dios.

Si una persona no recibe revelación de la gloria de Dios, no podrá ver sus continuas manifestaciones.

El error que cometen muchos es que por un tiempo se mueven en la gloria pero después vuelven a la unción, debido a que no dejan que Dios tome la iniciativa. Es decir, aprendieron a operar su fe bajo la unción pero no supieron moverse en la gloria porque ésta es una dimensión desconocida donde toda la iniciativa le corresponde a Dios. La gloria demanda un mayor grado de humildad, dependencia de Dios, pureza de motivaciones y osadía del Espíritu Santo.

Dios no nos va a visitar con Su gloria más allá de la revelación que tengamos de ella.

Cuando el Señor nos visita con Su gloria y no estamos listos, ésta puede matarnos. Si Él trae manifestaciones inusuales, milagros creativos, señales y maravillas pero no tenemos la revelación para ello, lo vamos a criticar y juzgar, y eso contristará al Espíritu Santo. Cuando la manifestación de la gloria de Dios venga tenemos que saber cómo lidiar con ella, de otra manera nos sucederá lo mismo que le pasó a Uza.

Y el furor de Jehová se encendió contra Uza, y lo hirió allí Dios por aquella temeridad, y cayó allí muerto junto al arca de Dios. (2 Samuel 6:7)

La misma gloria que estamos predicando también podría matarnos.

¿Cómo funcionan la gloria, la unción y la fe?

Al repasar cada una de las dimensiones de lo sobrenatural entenderemos cómo funcionan y en qué se diferencian: Fe es la habilidad dada por Dios al creyente para tener dominio sobre el tiempo, espacio y materia. Unción es la habilidad dada por Dios al creyente para hacer lo que Él nos mandó hacer; es Jesús obrando a través de nuestra humanidad. Gloria es la presencia de Dios manifestada de forma visible; es Dios mismo haciendo Sus obras; es Él operando conforme a Su soberanía e iniciativa.

Veamos ahora cómo funcionan la fe, la unción y la gloria, que son las tres dimensiones de lo sobrenatural.

Para que habite Cristo por la fe en vuestros corazones, a fin de que, arraigados y cimentados en amor, seáis plenamente capaces de comprender con todos los santos cuál sea la anchura, la longitud, la profundidad y la altura, y de conocer el amor de Cristo, que excede a todo conocimiento, para que seáis llenos de toda la plenitud de Dios. (Efesios 3:17–19)

La fe trabaja en dimensiones:

Porque en el evangelio la justicia de Dios se revela por fe y para fe.   (Romanos 1:17)

Avanzamos de fe en fe. Esto quiere decir que de una dimensión de fe pasamos a otra dimensión de fe.

Otra traducción dice: "Porque en el evangelio la justicia de Dios se revela de una dimensión de fe a otra dimensión de fe".

El apóstol Pablo, según la versión original del griego, afirma:

Somos transformados de una dimensión de gloria en [a otra dimensión de] *gloria en la misma imagen.*
                                    (2 Corintios 3:18)

Hay muchos niveles de la unción. Con los dones espirituales, podemos ministrar a uno o varios miembros del cuerpo de Cristo. Con la unción, podemos alcanzar multitudes. Con la gloria, podemos alcanzar e impactar naciones. Lo que bajo la unción nos tomaba diez años hacer, lo haremos en un año bajo la gloria.

Esto le sucedió a Pedro en el Mar de Tiberíades luego de pasar toda una noche pescando, sin sacar un pez; al aparecer Jesús y dar una orden, al curtido pescador le tomó apenas unos minutos llenar la red con cientos de peces grandes. Y es que cuando la gloria de Dios se manifiesta todo se acelera. Sucede igual con las iglesias que habían permanecido estancadas en el orden de los cientos; al manifestarse la gloria de Dios, crecen sobrenaturalmente hasta superar los miles en tiempo récord. La Biblia relata un evento parecido en el libro de los Hechos, cuando los apóstoles comenzaban a predicar el evangelio del reino; en sólo un día, tras recibir el poder del Espíritu Santo, tres mil personas se convirtieron y fueron bautizadas.

¿Sobre qué bases opera la gloria o la presencia de Dios manifestada?

• **La soberanía de Dios**

Esto significa que Dios hace lo que quiere, cuándo quiere y cómo quiere. Hoy en día, acostumbramos a no darle libertad al Espíritu Santo para ejercer Su soberanía divina en nuestra vida personal, mucho menos en la iglesia. Por eso asistimos a servicios monótonos donde nada sobrenatural ocurre. De ahí que nuestra prioridad siempre debe ser que el Espíritu Santo pueda manifestar la soberanía de Dios y hacer lo que Él quiere.

No te apresures a irte de su presencia, ni en cosa mala persistas; porque él hará todo lo que quiere.
(Eclesiastés 8:3)

• **La iniciativa de Dios**

Jesús es la cabeza de la iglesia, por lo tanto es quien toma la iniciativa para la acción y se mueve a su entera voluntad, como quiere. Sin embargo, otras veces Dios no inicia la acción. Cuando esto sucede, es mejor que hagamos lo que ya nos mandó, dejando bien establecido que conocemos lo que Él ordenó, y que no vamos a inventar algo para salir del paso. La Escritura nos muestra al rey Saúl esperando al profeta Samuel para ofrecer sacrificio a Jehová, pero como no llegó decidió que él lo haría; eso es desobediencia. No es esto a lo que me refiero. Pero sí, por ejemplo, hacer lo que Dios ya ordenó: evangelizar, hacer discípulos, sanar a los enfermos y echar fuera demonios.

La mayoría de creyentes entiende lo que es la soberanía de Dios, pero son pocos los que entienden cómo trabajar bajo esa soberanía; cómo movernos en fe.

• **Esperando siempre la iniciativa de Dios**

Cuando la presencia de Dios no se manifiesta, tenemos que ejercitar nuestra fe, unción, y dones. Si no actuamos y siempre estamos esperando que Dios tome la iniciativa, entonces estamos operando en los extremos. Por ejemplo, si sentimos que el Espíritu Santo no ha tocado al perdido, nosotros, por fe, tenemos que hacer el llamado de salvación. Como Dios ya nos mandó a hacerlo, no debemos esperar a que sea Él quien dé el próximo paso. Claramente, el próximo paso es nuestra responsabilidad.

• **Toman siempre la iniciativa desde el lado humano**

Esto implica que programan previamente todos los planes de la iglesia, lo que lleva a un activismo vacío del poder y la presencia de Dios. Éste es el otro extremo.

¿Cuál es la diferencia entre gloria y unción?

• La unción es para la tierra y sólo opera en nuestro mundo. La gloria testifica de los poderes del siglo venidero porque es la atmósfera del cielo. Así como el aire es la atmósfera de la tierra, la gloria es la atmósfera del cielo.

• La unción nos prepara para la gloria. La gloria es la presencia de Dios.

• La unción nos da la habilidad o el poder para pararnos en Su presencia; la gloria es Su presencia.

• En la unción trabajan el don y la fe de un hombre; en la gloria es Dios mismo trabajando.

• En la unción, la fe pone demanda sobre el manto de un hombre; en la gloria, la fe pone la demanda sobre la presencia de Dios.

• La unción nos fue dada para sanar a los enfermos, pero en la gloria de Dios la enfermedad es ilegal.

• En la unción Jesús es el sanador, en la gloria Jesús es el Creador.

• En la unción trabajamos, pero en la gloria adoramos y descansamos.

• La unción nos fue dada para decapitar gigantes; en la gloria los gigantes no entran.

- En la unción sentimos cómo el poder de Dios sale de nosotros; en la gloria el poder sale de Dios mismo.

Cuando he operado en la unción por mucho tiempo, me siento físicamente agotado, porque la gente pone demanda sobre la unción de Dios en mí, y ésta saca todo lo que tengo dentro, me quedo vacío; es lo mismo que le sucedió a Jesús cuando una mujer tocó su manto.

Luego Jesús, conociendo en sí mismo el poder que había salido de él, volviéndose a la multitud, dijo: ¿Quién ha tocado mis vestidos? (Marcos 5:30)

Cuando opero en la gloria no me siento cansado, sino que estoy lleno de fuerzas, porque es enteramente Dios haciendo las obras por Su gloria; allí Él no usa mi humanidad. La unción es el poder divino dado a Sus siervos para cumplir el llamado de Dios en la tierra. La unción es maravillosa, grandiosa y santa, y seguiremos operando en ella mientras la gloria o la presencia de Dios no se manifiesten.

¿Cuándo hacer la transición de la unción a la gloria?

Dios está llevando a muchos hombres por la vía de la transición, de la unción a la gloria, con el propósito que entren en el río de la *shekina* de Dios, donde la gloria postrera y la primera se juntan para recoger la gran cosecha final de almas a nivel mundial. Quienes resistan la transición se estancarán y no podrán participar en el movimiento final de la gloria de Dios. Muchos por temor al engaño y los excesos han decidido no hacer la transición, pero si Dios ve un corazón sincero y desesperado por Su gloria, no permitirá el engaño.

Pero nosotros no nos gloriaremos desmedidamente, sino conforme a la regla que Dios nos ha dado por medida. (2 Corintios 10:13)

> ## *Un hombre sabe que ha entrado en la dimensión de gloria cuando no opera más en su medida personal de fe ni de unción.*

Después de la caída, Dios le dio al hombre una pequeña prueba o anticipo de Su gloria, a la cual llamó unción. Sin embargo, como la unción va por niveles, llega un momento en la vida del hombre en que llega al tope y no puede avanzar más. Cuando eso sucede, está lista para hacer la transición de la unción a la gloria. Pasar de un nivel de unción a otro requiere una fuerte dosis de ejercicios espirituales como, oración, ayuno y estudio de la Palabra. Hacer la transición hacia la gloria demanda conocimiento revelado, aunque el ejercicio espiritual siempre es necesario.

> ## *La unción no crece si no la usamos con disciplina y buena mayordomía.*

Tenemos que tomar una decisión y hacer la transición de la unción a la gloria. Si usted llegó a un nivel de fe en el que ya no sucede nada nuevo, es el candidato ideal para entrar en la dimensión de gloria. Dios está levantando una generación de pioneros, sedientos y hambrientos, que están dispuestos a ir a otra dimensión de fe y otra dimensión de gloria; hombres y mujeres dispuestos a pagar el precio y que anhelan con todo su corazón ver la manifestación de la presencia de Dios. Ésta es la generación que va a experimentar el movimiento de la gloria.

> *Dios, Dios mío eres tú; de madrugada te buscaré; mi alma tiene sed de ti, mi carne te anhela, en tierra seca y árida donde no hay aguas, para ver tu poder y tu gloria, así como te he mirado en el santuario.*
>
> (Salmos 63:1–2)

Los movimientos anteriores no han podido satisfacer el deseo de Dios para esta generación. Ahora, el mover de Dios mismo es el que nos va a llenar por completo. Clame para que la revelación de Su gloria venga sobre su vida esta temporada.

¿Cuál es el contraste entre tinieblas y gloria?

En el tiempo que vivimos, las naciones y su gente están cubiertas por una densa oscuridad. Para comprobar esta afirmación basta ver los terremotos, huracanes, maremotos, violencia, sangre derramada y hambrunas que matan a millones; guerras entre naciones, iniquidad y maldad forman parte de las noticias diarias.

> *Porque he aquí que tinieblas cubrirán la tierra, y oscuridad las naciones; mas sobre ti amanecerá Jehová, y sobre ti será vista su gloria.*   (Isaías 60:2)

La luz se hace más brillante a medida que la oscuridad se vuelve más densa. No podemos permanecer neutrales ante esto, ya que quien no esté con Jesús estará contra Él. Por tanto, debemos tomar una decisión: ¿Amamos la luz? Entonces corramos hacia la luz. ¿Amamos las tinieblas? Entonces corramos hacia las tinieblas. En la Biblia, Jesús dice que si rehusamos ir hacia la luz, que es Su gloria, es porque nuestras obras son malas. ¿Correrá hacia la luz? ¿Será parte de la gloria o va a seguir en la oscuridad? ¿Está dispuesto a pagar el precio para moverse a la gloria? La vida del creyente es cada día más brillante, como el sol, y más gloriosa, como la aurora.

> *El que es injusto, sea injusto todavía; y el que es inmundo, sea inmundo todavía; y el que es justo, practique la justicia todavía; y el que es santo, santifíquese todavía.*   (Apocalipsis 22:11)

Lo que Jesús nos está diciendo es que llegó la hora de escoger; es imposible ser neutral. No se engañe a sí mismo pensando que la salvación es una condición estática, porque no es así. La salvación es una forma de vida por la cual vamos de una dimensión de gloria a otra dimensión de gloria.

La esencia de la vida cristiana consiste en venir a ser como Jesús o convertirse a Su imagen.

Jesús viene por una iglesia gloriosa que manifestará la gloria de Dios, tangible y visible, con milagros, sanidades, señales, maravillas y prodigios. Todo creyente que esté santificado y separado para Él será un vaso portador de la gloria primera y la gloria postrera que inundará este mundo. Personalmente creo que vienen días en que un cristiano portador de la gloria de Dios, entrará a un hospital y en el momento en que ponga sus pies dentro, todos los enfermos sanarán. Creo que vienen días en que será normal para cada creyente resucitar muertos. Creo que en estos tiempos finales los medios de comunicación cubrirán este tipo de manifestaciones, que serán hechas por cristianos comunes que han decidido apartarse exclusivamente para Dios. Me considero uno de ellos. Tengo una sed insaciable por ver la gloria postrera y la primera juntas, como este mundo jamás antes las ha visto. La decisión está en usted, amigo lector, espero que hoy la tome.

En conclusión, la tierra está llena de la gloria de Dios y Él está revelando esa gloria a esta generación, para traer al mundo grandes manifestaciones. Dios está levantando una generación con una mentalidad diferente que esté dispuesta a correr y ser portadora de esa gloria divina. Usted tiene que tomar la decisión hoy, para entrar en el ámbito de Su gloria. No se trata del movimiento de un hombre sino de algo iniciado por la soberanía de Dios, que manifiesta milagros, prodigios y maravillas. ¡Qué bendición estar vivo en estos tiempos y saber que la gloria de Dios será manifestada en toda la tierra delante de nuestros ojos!

Resumen

- Adán nació bajo la gloria, no tuvo que crecer ni esperar que la tierra diera fruto. Todo fructificaba al instante. Su mente era brillante porque era la mente del Espíritu de Dios.

- Al momento de caer, Dios inhaló su gloria de vuelta y el hombre se convirtió en un ser mortal que vive del residuo de la gloria que una vez tuvo.

- Dios nos dio la fe para romper los procesos del tiempo y acelerar lo natural, para manifestar lo sobrenatural.

- La gloria de un cuerpo refleja lo que éste es por dentro. La gloria de Dios es la manifestación visible y tangible del total de Su presencia.

- Dios reveló Su gloria a través de Cristo con todos sus atributos divinos.

- El canal de acceso a la gloria de Dios es el conocimiento revelado.

- Cuando Dios va a hacer un milagro primero se mueve Su Espíritu y luego sale la Palabra. Ese Espíritu es un campo de la gloria o energía de Dios para crear cualquier cosa.

- Dios no nos visitará con Su gloria más allá de la revelación que tengamos de ella.

- La fe y la unción obran por iniciativa humana, la gloria obra por iniciativa divina.

- La gloria opera sobre la base de la soberanía de Dios y Su iniciativa, pero no debemos ir al extremo de operar siempre por iniciativa humana o siempre por iniciativa divina.

- La transición a la gloria llega cuando nuestra fe supera nuestro nivel de unción.

8

Milagros, señales, maravillas y expulsión de demonios

Examinar las Escrituras es descubrir un libro lleno de milagros, señales y maravillas, que comienza en Génesis y culmina en Apocalipsis. Es sumergirse en un breve recuento de los hechos más importantes realizados por un Dios sobrenatural. En un plano más humano, Jesús, el Hijo de Dios, cuya existencia aparece plasmada en la historia, anduvo por la tierra sanando a los enfermos y liberando a los cautivos, como clara señal de Su deidad. Después de Su resurrección, el hijo de Dios delegó esta misión a Sus discípulos, entregándoles el mismo poder sobrenatural que Él ejercía. Pero esto no quedó ahí. La misión y el poder delegados se extienden hasta nosotros, los creyentes de la presente generación, para que también hagamos milagros, señales y maravillas, en Su nombre.

Jesús no ha cambiado; Él es el mismo ayer, hoy y por los siglos. Su concepción y nacimiento por medio de una joven virgen fue un milagro. Su conocimiento y sabiduría eran un milagro que confundía a los eruditos doctores de la ley. Su ministerio era un torrente de milagros; causaba asombro y las multitudes lo seguían. Su juicio fue un milagro, ya que siendo totalmente inocente de los cargos que le imputaban, no debió haber sido condenado. El libro de los Hechos es un compendio de milagros, señales y maravillas, llevadas a cabo por los discípulos directos de Jesús. No existe capítulo alguno que no contenga la descripción de una obra sobrenatural que ocurriera despúes de la resurrección de Jesús y luego que el Espíritu Santo viniera sobre los discípulos, para que le fueran testigos y proclamaran Su nombre con poder y evidencias sobrenaturales. Esto es para nosotros también.

Jesús delegó Su ministerio de milagros a la iglesia, y esto enojó a los líderes religiosos de aquel tiempo e hizo temblar al gobierno romano. Cuando descubrieron que Cristo había resucitado y que los mismos milagros que Él hizo en vida, ahora los discípulos también los podían hacer, causó conmoción en el mundo de la época. Hoy en día, nosotros somos la continuación del ministerio de milagros de Jesús. Cuando en el cristianismo no hay milagros, nada nuevo hay que ofrecerles a los incrédulos, excepto una religión como cualquier otra, con apariencia de piedad. Sin embargo el cristianismo es vida; es la naturaleza de Jesús manifestada a través de nosotros. La Biblia es el libro que muestra los milagros, es el récord de los principales eventos milagrosos ocurridos desde la época de los patriarcas y los héroes de la fe hasta los apóstoles.

En el Antiguo Testamento el propósito de los milagros era alejar a la gente de la adoración a dioses falsos y llevarla a adorar al único Dios verdadero. En esa época, cuando los milagros cesaban, la gente rápidamente se volvía a otros dioses. Exactamente lo mismo podemos ver en los seres humanos de hoy; nada ha cambiado. Las iglesias se llenan de gente que necesita un milagro de Dios para hoy, porque mañana quieren estar en otra cosa.

Mi experiencia con Cristo, el hacedor de milagros

Sin duda, tengo una gran experiencia personal con mi amado Jesús:

- Vi a Jesús haciendo milagros, señales y maravillas en la Palabra de Dios.

- Vi a Jesús vivo, resucitado, real, operando milagros, señales y maravillas a través de otros hombres, en el pasado y en la actualidad.

- Yo mismo he experimentado y sigo experimentando el ser usado para hacer milagros, señales y maravillas.

- Ahora enseño, entreno y equipo a otros para que hagan lo mismo.

He visto y oído las señales de primera mano. No me las contaron, yo mismo he visto a los ciegos ver, a los sordos oír, a los mudos hablar, a los paralíticos caminar, el cáncer desaparecer, la gente con SIDA ser sanada y cualquier tipo de enfermedad incurable ser curada; he visto crearse carne y huesos donde no los había. He presenciado milagros creativos, poderosos, inusuales, tales como crear dientes nuevos, crecer pelo en una cabeza calva, perder peso en fracciones de segundo, y muchos otros. Y todo esto fue hecho en el poderoso nombre de Jesús. Así que, no tenemos que ir hasta el tiempo de los apóstoles para ver los milagros; podemos verlos en esta era, con nuestros propios ojos. Jesús ha resucitado y sigue obrando milagros hoy. Yo lo he experimentado en más de cuarenta países del mundo, y usted también puede vivir esa experiencia.

Sabemos que Jesús está vivo, cuando lo vemos hacer los mismos milagros que hizo mientras estuvo en la tierra.

Si el cristianismo que usted practica no produce ni se basa en milagros, sólo se ha unido a una religión muerta. El mundo necesita saber que Jesús resucitó de los muertos, que está vivo y hace milagros como muestra de Su amor. Uno de los mayores problemas de la religión es que no puede traer a Cristo al presente, al ahora; siempre habla del pasado y del futuro, pero no del presente. Si Cristo no puede hacer milagros hoy, ¿por qué llamarlo Dios? Y si Dios no puede hacer milagros, ¿cómo podríamos decir que Él es amor? Yo oro al Señor que mientras usted lee este capítulo, todas las experiencias sobrenaturales que he vivido y que he plasmado aquí ocurran igualmente en su vida; pido que usted reciba un milagro creativo, una sanidad, y que luego vaya a llevarles a otros lo mismo que recibió.

La fe genuina es traer a Jesús al ahora.

Dios está desatando los más extraordinarios milagros, señales y maravillas que jamás la tierra haya visto. Cada uno de esos milagros va a impactar una ciudad, una nación e incluso continentes, tal como ocurrió en el libro de los Hechos. Esto causará que la gente doble sus rodillas ante Jesucristo y crea que Él es el Señor. Con el fin de entender mejor algunos puntos acerca de lo sobrenatural, definamos ciertas palabras que resultan fundamentales; además, veamos la diferencia que existe entre ellas.

¿Qué es sanidad?

En el griego del Nuevo Testamento existen varias palabras para describir *sanidad,* aunque tres son las principales. La primera es *iasis* que se refiere al acto de sanar o curar.

> *He aquí, echo fuera demonios y hago curaciones [iasis] hoy y mañana, y al tercer día termino mi obra.*
> (Lucas 13:32)

La segunda es *therapeúo,* que significa curar, pero también honrar y adorar —de aquí deriva la voz en español *terapia*—.

> *Y cuando la gente lo supo, le siguió; y él les recibió, y les hablaba del reino de Dios, y sanaba a los que necesitaban ser curados [therapeúo].* (Lucas 9:11)

La tercera palabra es *íaomai* que es un término mucho más completo, pues no sólo significa curar o sanar físicamente, sino que incluye ser libre de pecados o ser salvo; ése era el ministerio de Jesús, tal como lo podemos ver en el verso de abajo.

Cómo Dios ungió con el Espíritu Santo y con poder a Jesús de Nazaret, y cómo éste anduvo haciendo bienes y sanando [iáomai] a todos los oprimidos por el diablo, porque Dios estaba con él. (Hechos 10:38)

El siguiente es un testimonio de la obra completa de Dios:

Durante una jornada de testimonios en nuestra iglesia, pasó al altar una mujer a quien los médicos le habían diagnosticado una enfermedad autoinmune que atacaba todo su sistema, especialmente el hígado. La mujer sufría sangrados espontáneos y el médico le había dicho que corría riesgo de muerte, que la diabetes y las diálisis formarían parte de su rutina de por vida. Como parte del tratamiento, llegaron a hacerle transfusiones de hasta trescientas bolsas de sangre. Cuando oramos por ella en la iglesia, Dios hizo un milagro extraordinario. Pronto la mujer empezó a mejorar, a los pocos días comenzó a caminar y hoy cuenta entre sonrisas que volvió a nacer. Cuando vino a dar su testimonio, trajo los documentos médicos que demuestran que estuvo enferma y sin esperanza, hasta que el poder de Dios la sanó de forma sobrenatural. Hoy recuerda que los pronósticos médicos le decían que de esa enfermedad nadie se salva. "¡Pero yo estoy viva!", afirma sonriendo. "¡Dios me sanó!".

Sobre los enfermos pondrán sus manos, y sanarán.
(Marcos 16:18)

Conozco creyentes que saben mucho acerca del aguijón de Pablo (vea 2 Corintios 12:7), la sarna de Job (vea Job 2:7), el dolor de estómago de Timoteo (vea Timoteo 5:23) y mucho más. Algunos piensan que la enfermedad es un castigo de Dios o que sufrir una enfermedad es para glorificar a Dios —lo cual no es bíblico—; muy pocos, sin embargo, pueden citar versículos bíblicos que hablen de sanidad. Esto se debe a que nosotros los predicadores no hemos enseñado acerca del tema. Otros usan la Palabra para justificar una enfermedad. Hermanos, si no enseñamos acerca de lo sobrenatural de Dios, no habrá fe en el pueblo para creer en milagros y los incrédulos no serán persuadidos.

Conforme a la Escritura, todo poder de la enfermedad fue roto por Cristo hace más de dos mil años atrás, en la cruz. Si esto es así, ¿por qué hay tanta gente enferma? Realmente, la enfermedad expiró el día que Jesús pagó por completo por nuestras iniquidades en la cruz del Calvario; por tanto, es ilegal que esté en nuestro organismo. La sanidad no es sólo un don divino, también es un derecho legal; sin embargo, la iglesia busca más el don que el derecho.

La sanidad es un derecho legal del creyente para él y para impartírselo a otros.

¿Qué es un milagro?

El término *milagro* proviene de la palabra griega *dúnamis*, que traducida literalmente significa "obras de poder"; es decir, hechos que manifiestan el poder sobrenatural de Dios. Los milagros son visibles, instantáneos y suceden de repente. Un milagro es la intervención repentina de Dios en el curso normal de la vida de una persona, que interrumpe las leyes naturales del tiempo, el espacio y la materia.

> *Con todo, las señales de apóstol han sido hechas entre vosotros en toda paciencia, por señales, prodigios y milagros.* (2 Corintios 12:12)

El testimonio que aparece a continuación muestra irrefutablemente las obras de poder que hace Dios:

Estaba ministrando en El Salvador frente a unos 1.500 líderes, cuando de repente, la gloria de Dios cayó y varias personas vieron la nube de Su gloria dentro del auditorio. Cuando la gloria de Dios se manifiesta, milagros suceden aún sin necesidad de oración; estos ocurren no por la unción, sino porque Dios mismo está obrando los milagros a Su completa voluntad. Había entre los presentes, una doctora a la cual unos años antes le habían extirpado un oído por completo, incluyendo todo el aparato auditivo; más aún, le habían cerrado el orificio de la oreja. Bajo ese cuadro, es clínicamente imposible que ella pudiera escuchar por ese lado. Sin embargo, en medio de la gloria de Dios, la mujer subió al altar llorando de gozo para testificar la grandeza del poder de Dios. ¡Puedo oír por el oído extirpado! ¡Sin aparato auditivo! Nadie mejor que ella, como médico, para dar fe que había ocurrido un milagro, ya que científicamente era imposible que estuviera oyendo. ¡Dios le creó un órgano auditivo nuevo! Todo ocurrió en medio de Su presencia de gloria. ¡Qué grande es nuestro Dios!

¿Cuál es la diferencia entre sanidad y milagro?

Un milagro toma lugar instantáneamente, es notorio a los sentidos; en cambio, la sanidad es progresiva. Por eso, el milagro produce un cambio que va más allá de la sanidad. En los testimonios previos pudimos ver por ejemplo, que Dios restauró el funcionamiento del sistema sanguíneo, eso es sanidad; en cambio en el milagro, Dios creó algo que no existía físicamente en el cuerpo de una persona. ¿Quién necesita un milagro? Todo el mundo quiere un milagro porque la humanidad clama por un Dios vivo. El deseo por los milagros no es una señal de ignorancia, sino que revela el intenso deseo de tocar al Dios invisible y verlo en acción. Hay quienes aseguran que la educación tomará el lugar de los milagros, que no los vamos a necesitar. Sin embargo, la educación, por buena que sea, nunca podrá eliminar el deseo por lo sobrenatural.

Un milagro hecho en el nombre de Jesús es más valioso que un año de teoría académica.

Éste es un poderoso testimonio que muestra la milagrosa intervención de Dios:

Éste es un caso sucedido en México. Subió al altar a testificar un niño de 15 años acompañado de su madre. Había llegado al auditorio en silla de ruedas porque no podía caminar. Los doctores lo habían desahuciado debido a una insuficiencia renal crónica, que es una condición que hace que los riñones dejen de funcionar. Clínicamente, el niño tenía su corazón demasiado grande, su hígado muy pequeño, sus riñones completamente afectados, y su crecimiento se había detenido a causa de la enfermedad. Cuando el niño subió al altar no cesaba de llorar, y cuando le pregunté, "Hijo ¿por qué lloras?", su respuesta fue: "Lloro de felicidad, porque antes iba a morir y Dios me sanó". Él y su madre habían venido de un pequeño pueblo ubicado a dos horas de camino, gracias a la ayuda de amigos que oraban para que Dios hiciera un milagro. Y allí estaba el niño, dando su testimonio al mundo. Lloraba de felicidad al saber que Dios había hecho un milagro poderoso en su vida. ¡Lo había sanado! Ya no tendría que usar más la silla de ruedas. ¡Tenía vida! Su corazón latía normal y sus riñones fueron creados nuevos. Cuando le pregunté a la mamá lo que sentía, ella contesto: "El mejor doctor sanó a mi hijo que estaba desahuciado". ¡Dios lo sanó!

¿Qué es una señal?

La palabra *señal* viene del griego *simeíon* que significa, marca del poder sobrenatural de Dios; es también una muestra de Su amor; es el sello por el cual una persona es distinguida y conocida. *Simeíon* se refiere a un prodigio o portento que ocurre de manera inusual y trasciende el curso común de lo natural. Dios usa señales para autenticar al hombre que Él ha enviado; pero también, por medio de señales el hombre prueba que la causa que defiende proviene de Dios. Las señales de Dios no sólo sirven para ayudar a las personas, sino que básicamente sirven para darle gloria a Jesús como hijo de Dios.

Dios hace señales como alegorías para comunicar una gran verdad del reino y de Jesús.

Sin embargo, debemos poner mucha atención en este punto, porque existe una gran diferencia entre saber que las señales nos siguen y adorar las señales. Dios nos prohíbe adorarlas. Las señales nos seguirán cuando nuestra pasión por Dios sea mayor que la pasión por verlas. Veamos la señal que Dios nos envió en México:

Estando en una conferencia, Dios mostró a Su pueblo una señal clara y evidente de lo que Él está haciendo. Éste es el caso de un hombre que tenía el dedo pulgar izquierdo más corto que el derecho por casi una pulgada. De pronto, mientras permanecía con sus ojos cerrados pidiéndole a Dios que le hiciera el milagro creativo de estirarle su dedo, sintió un ligero calor en sus manos; al abrir sus ojos se llevó tremenda sorpresa al ver que su pulgar izquierdo había crecido. Para comprobarlo, juntó sus manos y se dio cuenta que al tenerlas al mismo nivel, sus dos pulgares eran del mismo tamaño. El hombre estaba impresionado y llorando por lo que Dios había hecho esa noche. Pero, más allá del milagro, Dios había enviado una señal: El ministerio apostólico, el cual se representa con el dedo pulgar, está siendo restaurado en México. ¡La gloria sea siempre para Dios!

Hasta aquí hemos visto qué es una sanidad, qué es un milagro y qué es una señal. Veamos ahora las funciones que cumplen las señales en la Biblia, qué es una maravilla y qué es la expulsión de demonios.

Siete señales que prueban la deidad de Jesús

Este principio de señales hizo Jesús en Caná de Galilea, y manifestó su gloria; y sus discípulos creyeron en él.   (Juan 2:11)

El libro de Juan nos narra siete señales que Jesús hizo para probar su deidad y cada una tiene profundo significado:

1. Convirtió el agua en vino (Juan 2:1–11). Esta es una señal de transición del creyente tipo Juan el Bautista a creyente del reino; del vino viejo al vino nuevo.

2. Sanó al oficial del rey (Juan 4:46–54). Este verso muestra la diferencia entre creer en Dios por la fe en Su Palabra, y creer en Él sólo por las obras.

3. Sanó al paralítico de Betesda (Juan 5:1–15). Simboliza que el pueblo debe dejar las heridas del pasado, que lo paralizan y no le permiten ver lo nuevo.

4. Alimentó a los 5.000 (Juan 6:1–13). Es una alegoría de convertirse en un canal para multiplicar y alimentar espiritualmente a las multitudes.

5. Caminó sobre las aguas (Juan 6:16–21). Esto hace alusión al dominio sobre los elementos de la naturaleza.

6. Sanó al ciego untando sus ojos con barro (Juan 9:1–7). Ilustra la ceguera de la religiosidad y el fariseísmo, y cómo el Hijo de Dios devuelve también la vista espiritual.

7. Resucitó a Lázaro (Juan 11:1–45). Esto demuestra que Él es la resurrección y la vida, y ejerce dominio sobre la muerte.

El propósito de las siete señales era hablarle al pueblo acerca de su condición espiritual y confirmarle que Él es el Hijo de Dios, capaz de darles vida eterna, devolverles la capacidad de ver, oír, caminar y vivir en comunión con el Padre. Por eso, cada señal que nos acompañe debe apuntar a Jesús, no al hombre, no a una organización ni a ninguna otra cosa.

¿Qué son maravillas?

En griego se utiliza el vocablo *téras* para significar *maravillas*, un adjetivo que siempre es usado en plural. *Téras* describe algo extraño, que deslumbra y asombra al espectador, cuya procedencia se atribuye a un acto divino.

Y sobrevino temor a toda persona; y muchas maravillas y señales eran hechas por los apóstoles.

(Hechos 2:43)

La diferencia entre una señal y las maravillas, es que la señal indica o apunta a algo o alguien específico, tiene un destino o destinatario, en este caso Jesús; en cambio, las maravillas testifican de Jesús y apelan a la imaginación, el intelecto y el corazón del observador; lo sensibilizan causándole espanto y asombro para que reciba el evangelio.

Veamos un testimonio que ilustra una asombrosa maravilla:

Mientras ministraba en el Sports Arena de Los Ángeles, California, con unas diez mil personas en los asientos, la gloria y el poder de Dios cayeron y empezó a manifestarse el fuego de Su presencia, a tal grado que la gente sentía que se quemaba. De repente, entre la multitud, un hombre comenzó a gritar y saltar. Cuando llegó a la plataforma me contó que era un pastor que llevaba dieciocho años predicando en contra de los milagros, porque no creía que realmente sucedieran, sino que eran invento de algunos predicadores. Él había llegado ahí a escondidas de su denominación. Cuando le pregunté por qué había subido con un bastón en la mano, nos contó que, de niño, le había dado poliomielitis—una enfermedad que afecta el sistema nervioso central y destruye las neuronas motoras, ocasionando parálisis en algunas partes del cuerpo y debilidad muscular—. Esto le había dejado la pierna izquierda paralizada, los tejidos comidos y los músculos dañados; el diámetro de su pierna era apenas como tres dedos de su mano; se le había secado; era hueso forrado en piel; por tanto, no podía moverla ni levantarla. Nadie le impuso manos; él estaba en su asiento cuando sintió que la pierna se le empezaba a inflamar, sintió que algo crecía en su interior. Cuando se tocó, de la rodilla para abajo sintió que se llenaba de carne, pero hacia arriba todavía estaba seca. Entonces clamó a Dios diciendo: "Señor, termina Tu obra por favor". En aquel momento sintió que de la rodilla hacia arriba también se llenaba de carne. Allí mismo comenzó a mover la pierna mostrándoles a todos su sanidad. Este testimonio fue un hecho maravilloso, asombró a todos los presentes, sirvió para que cientos de ellos recibieran salvación, y para que Cristo fuera exaltado. El hecho fue tan comentado que incluso la televisión secular de Los Ángeles le dio cobertura durante varios días.

¿Qué es la expulsión de demonios?

La guerra entre el reino de Dios y el reino de las tinieblas se reduce al dominio del alma humana. Dios nos creó pero Satanás ha trabajado siempre por usurpar la creación, para destruirla, porque odia a Dios y todo lo que se parezca a Él. Pretende gobernar la tierra porque así se adueñaría de lo más preciado para el Padre, sus hijos. Cuando un ser humano no le da lugar a Jesús en su corazón, el enemigo toma ese lugar y coloniza el territorio, ciega a la persona para que no vea al hijo de Dios y llena de contaminación su vida, con pecado, enfermedad y muerte; la separa definitivamente del Padre. Pero Jesús vino a impedir eso.

Dos reinos no pueden gobernar sobre una persona. La expulsión de demonios implica el establecimiento del reino de la Luz con el consiguiente desplazamiento del reino de las tinieblas. Jesús vino para establecer el reino de los cielos en la tierra. Él tiene poder para expulsar a Satanás. Jesús fue al infierno, le quitó al diablo las llaves de la muerte y del Hades (vea Apocalipsis 1:18), y nos dio autoridad para hacer lo mismo en Su nombre (vea Lucas 10:19).

Entonces, la expulsión de demonios es el acto de sacar a los demonios de un cuerpo, en base a la autoridad delegada por Jesús y con el poder del Espíritu Santo. Expulsar demonios es hacer que Satanás no gobierne más sobre una persona, que la luz de Jesús brille en ella, que sea reconciliada con el Padre y pase a formar parte activa del reino de los cielos. Es pasar de muerte a vida.

Juan...diciendo: Maestro, hemos visto a uno que en tu nombre echaba fuera demonios, pero él no nos sigue; y se lo prohibimos, porque no nos seguía. Pero Jesús dijo:

No se lo prohibáis; porque ninguno hay que haga mila-
gro en mi nombre, que luego pueda decir mal de mí.
(Marcos 9:38–39)

Existe una relación directa entre los milagros y la expulsión de demonios. Jesús nos dijo que en su nombre haríamos milagros y echaríamos fuera demonios.

La expulsión de demonios es un milagro porque es algo sobrenatural.

Y la gente, unánime, escuchaba atentamente las co-
sas que decía Felipe, oyendo y viendo las señales que
hacía. Porque de muchos que tenían espíritus inmun-
dos, salían éstos dando grandes voces; y muchos pa-
ralíticos y cojos eran sanados. (Hechos 8:6–7)

Los señalados arriba eran milagros visibles que tenían lugar al instante, delante de los ojos de testigos. En los años que llevo ministrando el poder sobrenatural de Dios he encontrado que la mayoría de enfermedades están ligadas a una actividad demoníaca en el cuerpo, en las emociones o en la línea sanguínea. El plan de Satanás es matar y destruir la creación de Dios, por eso trae enfermedades y plagas. Cuando echamos fuera los demonios, la persona se sana al instante. Esto me ha ocurrido con muchos enfermos de cáncer. Así que, si continuamos echando fuera demonios, los paralíticos y los cojos se levantarán y serán por señal.

Ilustremos lo dicho anteriormente con un testimonio:

Una jovencita llegó a la iglesia atraída por un video puesto en internet. Llevaba casi toda su vida sumida en depresión. A los once años comenzó a usar drogas, consumir cocaína, beber alcohol y tomar muchas pastillas. Siendo adolescente había huido de la casa de sus padres y trató de suicidarse unas 7 veces cortándose las venas. Cierto día vio un video de la pastora de jóvenes de nuestra iglesia y le escribió; se comunicaron, hizo la oración de fe, recibió liberación y Dios transformó su vida. Satanás se estaba llevando esa vida usando la depresión, las drogas y hasta espíritus de suicidio, pero Dios la rescató. ¡Hoy es libre y vive feliz!

La expulsión de demonios es una manifestación visible que el reino de Dios está presente.

Y hacía Dios milagros extraordinarios por mano de Pablo. (Hechos 19:11)

Pablo hacía milagros extraordinarios. Para la iglesia primitiva, ver milagros era algo normal. Durante los primeros años del cristianismo, se vivía en un ámbito de milagros y dimensiones sobrenaturales que la iglesia de hoy no ha visto.

Todos los milagros que Dios hace son maravillosos, pero hay algunos son más impactantes que otros. Veamos el siguiente testimonio:

Una mujer llevaba 18 años con Hepatitis C crónica, de la peor clase, con genotipo PC 1B, debido a una transfusión de sangre contaminada. Había recibido quimioterapia con la consiguiente pérdida de cabello, despigmentación, apatía, debilidad, depresión, daño de órganos internos y pérdidas de memoria. Un día fui a predicar a la iglesia donde ella se congregaba y Dios le habló a través de mí, diciendo que todo lo que el diablo le había robado se lo iba a devolver. Ella sintió una fuerte presión y un calor interno, algo que le entraba por la cabeza, las manos y los pies, a medida que la ministraba diciendo: "Declaro vida a tu cuerpo". La mujer se apropió de estas palabras y cuando fue a hacerse un nuevo chequeo médico, los doctores encontraron que el virus había sido reducido a cero. Ellos mismos reconocieron el milagro pues aquello no era humanamente posible. Y éste es apenas uno de los varios milagros que el Señor hizo gracias a la palabra que Él me dio; porque además le reconstruyó el bazo que había perdido en un accidente y pudo quedar embarazada, cuando antes era estéril. ¡Gloria a Dios!

Entonces nuestra obligación es presentarle a esta generación un mensaje claro y poderoso con demostraciones de *iasis* (sanidades), *therapeúo* (curas), *iáomai* (salvaciones), *dúnamis* (milagros), *simeíon* (señales), *téras* (maravillas), que incluyan la expulsión de demonios y operar en los dones del Espíritu Santo. Todos estos actos sobrenaturales son parte del evangelio del reino porque testifican que Cristo está vivo y disponible para todo creyente que crea y desee manifestar Su poder para bendecir a la gente. Presentar algo menos que esto no es el · evangelio del reino de Dios.

Sanidades, milagros, señales, maravillas y expulsión de demonios, son claves para expandir el reino en la tierra.

La gente que ha recibido un milagro no ha permanecido pasiva sino que ha ejercitado su fe. Como dato importante podemos decir que Jesús obró milagros usando diversos métodos. El Espíritu Santo no siempre trabaja de la misma manera. A veces bastaba con que Jesús tocara a la gente, otras veces les imponía manos, declaraba la Palabra, metía sus dedos en el oído o hacía barro con Su saliva. Si anhelamos lo sobrenatural tenemos que ser flexibles y estar listos a obedecer al Espíritu Santo, en cualquier momento.

Dios confirmó y validó el ministerio de Jesús:

- ### Con milagros, señales, maravillas y dones del Espíritu

Testificando Dios juntamente con ellos, con señales y prodigios y diversos milagros y repartimientos del Espíritu Santo según su voluntad. (Hebreos 2:4)

Dios testificó de Jesús con cuatro marcas: milagros, señales, maravillas y dones del Espíritu Santo. Es preciso tener en cuenta que los judíos, por cultura, requieren señales a un hombre de Dios. Nunca reconocen a un profeta que no muestre señales sobrenaturales; por eso, todos los profetas del Antiguo

Testamento marcaban sus ministerios con señales y milagros. Nunca podremos alcanzar con el evangelio a los judíos, ni mucho menos a las naciones musulmanas, si no les mostramos señales sobrenaturales. Es más, yo no me atrevería a ir a ningún otro país si no estuviera convencido que Dios va a respaldar el mensaje que voy a predicar, con milagros, señales y maravillas. Toda persona que opera en milagros, lo hace por revelación o conocimiento revelado. Cuando hay una revelación genuina no hay forma de evitar la manifestación de milagros. Esto confirma que la revelación vino de Dios.

> *Este vino a Jesús de noche, y le dijo: Rabí, sabemos que has venido de Dios como maestro; porque nadie puede hacer estas señales que tú haces, si no está Dios con él.*   (Juan 3:2)

Ningún hombre se mueve en lo sobrenatural sin una verdad que exceda lo común.

En la historia de la iglesia todos los hombres que se han movido en milagros, señales y maravillas han obedecido una revelación de Dios confirmada con Su Palabra. Éstos son los hombres que han dejado un legado en la tierra. Son los pioneros que se han adelantado a su generación para después enseñarle a esa generación a hacer lo mismo y transferir un legado a la siguiente. Dios levantó en el siglo XX, y sigue levantando en el presente siglo, hombres y mujeres con este tipo de revelación, cuyos nombres de inmediato se asocian con el poder que operan; por ejemplo, cuando menciono al Pastor William Seymour pensamos en avivamiento y milagros; si digo A. A. Allen, pensamos en milagros y almas; si mencionamos a Carlos Annacondia, pensamos en salvaciones y liberaciones; lo mismo sucede con Yiye Ávila, a quien asociamos con salvación y milagros; Omar Cabrera, personifica salvaciones y destrucción de fortalezas; Bill Hamon, es lo profético; Alan Vincent, es la revelación del reino y la guerra espiritual; cuando menciono al Dr. T. L. Osborn, lo asociamos con milagros, sanidades, prodigios y salvación de almas; y si digo Morris Cerullo, pensamos en milagros, salvaciones y mover profético. Asimismo, cuando mencionamos al Apóstol Cash Luna, lo asociamos con sanidades, milagros y finanzas.

¿Qué tal si le menciono a otro predicador? ¿Lo podría identificar así de rápido? Si usted puede asociarlo con algo sobrenatural sin pensarlo dos veces, quiere decir que ése es su sello apostólico. Ésa es la revelación en la que dicho hombre opera. Hoy en día muchas personas carecen de revelación. Si sólo manifiestan milagros es porque están usando los principios que aprendieron de otro que sí tiene revelación.

- **Aprobando el ministerio de Su Hijo**

  Varones israelitas, oíd estas palabras: Jesús nazareno, varón aprobado por Dios entre vosotros con las maravillas, prodigios y señales que Dios hizo entre vosotros por medio de él, como vosotros mismos sabéis.
  (Hechos 2:22)

  Dios aprueba y valida nuestro ministerio de la misma forma como aprobó a Jesús y Su ministerio, con milagros, señales y maravillas.

- **Confirmando Su identidad como el Mesías**

  Respondiendo Jesús, les dijo: Id, y haced saber a Juan las cosas que oís y veis. Los ciegos ven, los cojos andan, los leprosos son limpiados, los sordos oyen, los muertos son resucitados, y a los pobres es anunciado el evangelio.　　　　(Mateo 11:4–5)

  Estos versículos constituyen la respuesta de Jesús a Juan el Bautista quien, después de declarar que Jesús era el Mesías, el Cordero de Dios que quita el pecado del mundo (vea Juan 1:29), cuando lo llevan a prisión, comienza a dudar de esa verdad. Lo admirable aquí es que Jesús no le contestó contándole Sus muchos logros personales, tampoco le habló de qué tan bueno o santo era, sino que le mandó a contar todas las grandes obras sobrenaturales que Dios hacía a través de Él, y cómo eso confirmaba Su identidad de verdadero Mesías. Éstas también deben ser nuestras credenciales. Cuando la gente nos critique, nos persiga, nos juzgue y tenga alguna duda acerca de nuestro llamado, debemos responder con evidencias como estas, que señalan que nuestro ministerio vino de Dios, y que somos de Él.

¿Qué propósitos tienen los milagros, señales y maravillas?

Han ocurrido excesos en el área de los milagros. Sin embargo, ese no debe ser un obstáculo para manifestarlos, porque aquellos que han tenido miedo a los excesos terminan en el otro extremo. Viven sin el poder y sin los milagros de Dios. Para traer luz a este asunto vamos a explicar los propósitos bíblicos de los milagros.

- **Testificar que Jesús es el Hijo de Dios**

> *Si no hago las obras de mi Padre, no me creáis. Mas si las hago, aunque no me creáis a mí, creed a las obras, para que conozcáis y creáis que el Padre está en mí, y yo en el Padre.* (Juan 10:37–38)

Dios testifica en el momento en que la Palabra es predicada. Cuando la gente no cree por la Palabra, cree por las señales y milagros. Nicodemo fue tocado por las señales que Jesús hacía, y creyó. Si un milagro no apunta hacia Jesús, yo tengo dudas que provenga de Dios.

Vivimos en una generación que nos demanda pruebas del poder de Jesús. En las iglesias tenemos muchos predicadores motivadores, con mensajes inspiracionales que sólo suplen una necesidad temporal, pero no pueden probar que Jesús es el Hijo de Dios con una evidencia sobrenatural. Cuando Moisés fue a hablarle al faraón, Dios lo respaldó con milagros poderosos que doblegaron al faraón y le dieron fe al pueblo de Israel para creer que sobreviviría en el desierto y llegaría a la tierra prometida. Predicar algo que no libera a la gente es un insulto a la cruz. Hoy en día, los líderes se dan muchas ínfulas y títulos, se dicen apóstoles, doctores, evangelistas y más, pero no importa cómo se llamen ni cuántos cargos ostenten, sólo serán creíbles y seguidos cuando el ciego pueda verlos o cuando el sordo pueda oírlos alabar el nombre de Jesús. Ésa es la garantía de veracidad.

- **Hablar una verdad alegórica del reino de Dios**

    Entonces, tomando la mano del ciego, le sacó fuera de la aldea; y escupiendo en sus ojos, le puso las manos encima, y le preguntó si veía algo. (Marcos 8:23)

Cada vez que Jesús hacía un milagro era para ilustrar la condición espiritual del pueblo y señalar que Él era el Hijo de Dios. Por ejemplo, cuando sanaba a un ciego ilustraba la ceguera espiritual. Eso me sucede muy a menudo cuando enseño acerca del reino. Dios sana a los ciegos como señal de que está abriendo los ojos espirituales de Su pueblo para que vea el reino. Notemos el siguiente testimonio:

En cierta ocasión estábamos en la iglesia en una reunión de sanidad y milagros, cuando en un momento dado, Dios me reveló que quería sanar a Sus hijos de la vista. Cuando hice el llamado, pasó al frente una señora que llevaba trece años ciega del ojo derecho porque tenía el centro de la retina destruida y no podía ver los rostros de la gente. Oré por ella y Jesús al instante la sanó. No puedo expresar la alegría y la sorpresa de esa mujer cuando comenzó a ver nuestros rostros con el ojo que hasta hacía unos minutos había estado ciego. De la misma forma que lo está haciendo en lo físico, Dios está devolviendo la vista a los cristianos que han permanecido ciegos para ver lo que el Señor hace en este tiempo.

- **Provocar que las personas sedientas de Dios le busquen**

    Hay algunas personas que anhelan hacer milagros pero creen que deben esperar a tener el carácter. Esta es una mentalidad tradicional y religiosa porque la Biblia no habla de tener un carácter desarrollado para moverse en milagros. Aunque considero que el carácter es esencial para la santidad, no lo es para los milagros. Lo único que necesitamos es ir y hacerlos, en el nombre de Jesús. Eso despertará en los inconversos la sed por buscar a Dios. Hay quienes cuando ven un milagro, una sanidad o una señal de Cristo, vuelven su corazón a Él, corren desesperados porque se dan cuenta que está vivo, que es real, que ha resucitado. La gente busca a Dios pero no logra encontrarlo. Un milagro es la señal que indica dónde está el Dios que tanto anhelan.

- **Establecer y expandir el reino en territorios hostiles**

Pues nuestro evangelio no llegó a vosotros en palabras solamente, sino también en poder, en el Espíritu Santo y en plena certidumbre. (1 Tesalonicenses 1:5)

Hace unos años atrás, Miami era conocida como el cementerio de los pastores. Era un territorio muy difícil para el crecimiento de las iglesias. Por casi toda una generación —más de 40 años—, las iglesias no lograban superar las 2.500 personas. Sin embargo, cuando comenzamos a predicar el evangelio del reino con demostraciones del poder de Dios, que incluían milagros, señales y maravillas, el territorio se abrió. Llegamos a establecernos como la iglesia hispana de más rápido crecimiento de los Estados Unidos y aún seguimos creciendo. Somos una de las iglesias pioneras de Miami —Dios ha levantado a otros hombres ungidos por Él para que le sirvan en distintos sectores de la ciudad—. Al principio tuvimos la oposición de varios pastores, quienes no estaban de acuerdo con el tema de la liberación y los milagros, pero después Dios testificó de su veracidad y confirmó que Él nos había enviado. Hoy por hoy, muchos de esos pastores envían a su gente a nuestro instituto de liderazgo para que sea entrenada y pueda servir en sus iglesias. En la actualidad, continuamos expandiendo el reino de Dios hasta alcanzar el diez por ciento de la población de la ciudad, porque eso es lo que Dios me ha prometido. Dentro de la infraestructura que requerimos para recibir esa gran cosecha, Dios me ordenó edificar un coliseo para veinte mil personas y que construyera una universidad cristiana, totalmente acreditada, incluso a nivel secular. El propósito es impactar el ámbito profesional y el cristiano, y entregarle a la sociedad líderes capacitados para lidiar con las leyes del mundo espiritual y las del mundo natural. Todo esto ha traído un gran crecimiento a niveles que sería difícil describir; pero lo que más ha contribuido a este crecimiento han sido los milagros, las señales, las maravillas, los dones del Espíritu Santo y la expulsión de demonios que Dios hace a través de los líderes que he entrenado.

- **Plantar iglesias prósperas que crezcan y permanezcan**

En las Escrituras hay un patrón que se repite: dondequiera que se plantaba una iglesia sobre la base de lo sobrenatural —milagros, señales y maravillas—había un crecimiento rápido que afectaba a toda la región. En mi experiencia de plantar iglesias y ayudar a otros a hacerlo, el ingrediente de la aceleración reside en el evangelismo, la oración, la liberación, la restauración de la familia, los milagros y las señales. Puedo testificar que todas las iglesias y ministerios que están bajo mi cobertura espiritual, en 25 países del mundo, han dejado de ser iglesias de cientos para ser iglesias de miles, en pocos años.

- **Evangelizar por todo el mundo**

Y será predicado este evangelio del reino en todo el mundo, para testimonio a todas las naciones; y entonces vendrá el fin. (Mateo 24:14)

La palabra *"testimonio"* significa hacer evidente algo. En otras palabras, este evangelio será proclamado para hacer evidente y manifiesto el poder sobrenatural de Dios a todas las naciones de la tierra. Será una réplica del ministerio de Jesús; de lo contrario, no es el evangelio del reino. Predicar el evangelio, sin milagros, no es suficiente; el mundo está esperando ver pruebas que sólo pueden ocurrir si predicamos el evangelio del reino. Más almas se pueden salvar en corto tiempo con evidencias sobrenaturales, que en varios años sin ellas. El evangelio del reino será predicado con el testimonio, el cual es producido por los milagros, las señales y las maravillas.

El testimonio es nuestra predicación. ¿Por qué usted sabe que la gente es libre? Porque usted ha sido libre. ¿Por qué usted sabe que la gente se sana? Porque usted ha sido sanado. Usted no será creíble, no será un testigo fiable, si Dios no levanta testimonio en usted. "Antes era ciego pero ahora veo". Un testigo de Jesús es uno que ha visto, oído y experimentado el poder de Dios de primera mano.

- **Desafiar la mente y el razonamiento de la gente escéptica y hostil al evangelio**

Cuando Dios manifiesta milagros, señales y maravillas, causa asombro en la mente y trae convicción al corazón, a tal punto que es una de las maneras en que las personas pueden cambiar de rumbo y responder al evangelio. Hay países en el mundo imposibles de evangelizar sin una clara demostración de milagros que remueva el velo de incredulidad de sus mentes y sensibilice sus corazones.

- **Confirmar con señales la predicación de la Palabra**

Y ellos, saliendo, predicaron en todas partes, ayudándoles el Señor y confirmando la palabra con las señales que la seguían. (Marcos 16:20)

En el tiempo de Jesús, los milagros, las señales y las maravillas, siempre seguían la predicación del evangelio del reino y nunca se hacían fuera del contexto de la Palabra ni tampoco para exaltar a un hombre. Si usted tiene un buen producto no necesita mentir, porque el producto hablará por sí mismo; será su mejor testimonio. En este caso, los milagros, las señales y las maravillas le otorgan credibilidad para penetrar las mentes intelectuales y humanistas que se quieren oponer al evangelio.

- **Probar que Jesús ha resucitado y vive para siempre**

Y con gran poder los apóstoles daban testimonio de la resurrección del Señor Jesús, y abundante gracia era sobre todos ellos. (Hechos 4:33)

Los milagros hechos en el nombre de Jesús constituyen evidencias sobrenaturales de Su resurrección, y si ha resucitado hará mayores cosas que cuando estaba en la tierra.

El siguiente es un testimonio poderoso de que Jesús vive:

Un día estaba ministrando en nuestra iglesia-hija ubicada en Cape Coral, Florida. El lugar estaba copado. La gloria de Dios cayó y Su presencia era tan fuerte que vino un cántico nuevo hermoso que mudó la atmósfera del lugar. En medio de un gran fuego del Espíritu, una mujer pasó a testificar diciendo que a ella le faltaban siete dientes, pero cuando la gloria cayó sintió calor en su boca y al examinarla el médico encontró que Dios le había creado siete dientes nuevos. ¡Fue glorioso!

En la misma reunión se encontraba un hombre que había sufrido un accidente y tenía clavos y metales en las rodillas. Brincando, con los clavos en la mano, llegó hasta el altar y testificó que los metales y clavos se le habían caído. ¡Estaba totalmente sano! Además traía documentos médicos que probaban su estado anterior.

Principios y claves para operar en milagros

Los milagros se originan en el mundo espiritual y se manifiestan en el mundo natural; pero al mundo espiritual no podemos entrar con nuestra mente humana, sino sólo con la fe. Esto nos permite afirmar lo siguiente:

- **Para movernos en lo sobrenatural tenemos que desconectarnos de la razón.**

Cuando hablamos de milagros debemos tener presente que éstos no existen en el intelecto o en la imaginación del ser humano; sólo existen en la dimensión sobrenatural, a la que la razón no tiene acceso. Si usted quiere obrar milagros tiene que quitar la razón de en medio del camino, porque nada de lo que Dios le diga tendrá sentido; si lo tiene, es muy probable que no proceda de Él. El mundo occidental opera en base a la razón, casi de manera

192 Cómo Caminar en el Poder Sobrenatural de Dios

exclusiva; para creer algo debe tener sentido, de lo contrario es desechado. No obstante, Dios puede hacer mucho más de lo que nuestro intelecto entiende, asimila o puede razonar.

La mayoría de órdenes que Dios les dio a Sus hombres no tenían sentido alguno.

Cuando hacemos cosas que no tienen sentido para el mundo, rápidamente nos etiquetan como locos. El siguiente es el testimonio de algo que rebasa la razón:

Hace algún tiempo, Dios comenzó a hacer un tipo de milagro que me costó un poco obedecer: la pérdida de peso. Ministrando en una cruzada, el Espíritu Santo me llevó a orar por las personas con sobrepeso. Entonces una señora pasó muy emocionada a testificar; lloraba y reía. Nos mostró que había llegado realmente gorda a la cruzada, pero con una fe tan grande que incluso venía preparada con un gancho para sostenerse la falda en caso de necesitarlo. Apenas desaté la Palabra, ella se apropió de la misma y, literalmente, tuvo que agarrarse la falda antes que se le cayera. En segundos, su cuerpo se redujo por lo menos cuatro tallas. Si yo no hubiera obedecido, nos hubiéramos perdido el milagro. A veces, lo que Dios pide puede no tener sentido para nosotros, pero para quien está padeciendo y necesita el milagro, ¡tiene mucho sentido!

- **Bajo la unción los milagros van de la mano con la fe.**

Los milagros no suceden así como así, tenemos que operarlos por el principio de la fe y la unción. Dios siempre se mueve en Su gloria por Su propia iniciativa o soberanía; de la misma forma, muchas veces nosotros tenemos que operar en la unción, en los dones o en la fe, por iniciativa propia. Esto sucede casi siempre en lugares donde no poseen revelación de lo que es la gloria. Bajo la unción operamos en milagros, pero en la gloria los milagros ya son; existen desde siempre.

- **Los milagros deben ser algo normal, no un evento aislado.**

  Y por la mano de los apóstoles se hacían muchas señales y prodigios en el pueblo. (Hechos 5:12)

  En algunas iglesias los milagros sólo ocurren cuando un evangelista famoso visita la ciudad. ¡No debe ser así! Todos los creyentes hemos recibido el mandato de Dios, así como el poder *dúnamis* y la autoridad *exusía* para sanar a los enfermos, hacer milagros y echar fuera demonios. Es Jesús manifestando Su vida a través de nosotros.

- **Los milagros deben ser declarados al momento de producirse.**

  Por la fe entendemos haber sido constituido el universo por la palabra de Dios. (Hebreos 11:3)

  La palabra *constituir* significa reparar, ajustar, equipar, completar, poner en orden, fortalecer, perfeccionar, arreglar, restaurar, unir. De acuerdo con esto, nuestra fe nos dice que el universo fue reparado, ajustado, equipado, completado, unido, arreglado, puesto en orden, fortalecido, perfeccionado y restaurado, gracias a la palabra de Dios. Sin embargo, mayores manifestaciones del poder sobrenatural de Dios están viniendo a la tierra a cada instante, pero las únicas que permanecen son aquellas que se declaran y se decretan. Hay personas que recibieron un milagro pero no lo testificaron; tiempo después lo pierden. Cuando un milagro no se declara o no se testifica, su estadía en el ámbito natural se hace ilegal. La sanidad, el milagro y la liberación no podrán quedarse hasta que usted testifique.

Los milagros tienen que ser recibidos, de lo contrario no se pueden quedar. ¡Tenemos que declararlos!

Un domingo ministraba en nuestra iglesia, en un servicio especial que llamamos "noches del poder sobrenatural". Había allí un hombre que apenas tenía un poquito de cabello. Mientras adorábamos, la gloria de Dios cayó sobre el lugar; de pronto, el hermano que estaba detrás del calvo vio que el pelo le comenzaba a crecer rápidamente. Apenas se lo dijeron, él se levantó y salió corriendo a testificar. Dios hizo ese milagro en un instante, en Su soberanía y gloria. Dios ha continuado haciendo este tipo de milagros en los hombres y mujeres de nuestra congregación. Muchos para testificar me muestran sus licencias de manejar donde aparecen calvos en la foto, pero ahora tienen pelo. Estos son milagros creativos que permanecen gracias al testimonio. La condición para que un milagro permanezca es declararlo en forma verbal. En una oportunidad le pregunté a Dios por qué ocurren pocos milagros en el pueblo de Dios si Su presencia es tan fuerte y es para todos. Su respuesta fue que los milagros siempre suceden, pero la gente no los declara. ¡Dé su testimonio! ¡Declare su milagro!

- **Hemos sido educados para adaptarnos a la realidad natural no a los milagros.**

Nuestra realidad está determinada por la dimensión natural. Si sucede algo milagroso no lo podemos concebir y lo vemos como un hecho aislado; pero esto debe cambiar. Tenemos que llegar al punto de una total persuasión y convicción de que Dios es sobrenatural y hace milagros. No se trata sólo de hablar bien de Él sino de ver su presencia manifestada. Si Dios no puede sanar a los enfermos y hacer milagros, entonces dejemos de llamarlo Dios. Si lo sobrenatural ofende a la gente es porque no lo conoce, ya que no se puede definir a Dios sin conocer lo sobrenatural que hay en Él. ¿Por qué la iglesia tiene que hacer reuniones y debates cuando sucede algo fuera de lo ordinario? ¿Por qué quieren siempre estar decidiendo si eso vino de Dios o no? Necesitamos llegar a la convicción de que Él es sobrenatural y hace milagros hoy y mañana, conforme a Su voluntad.

El ser humano critica todo aquello que no puede producir.

La voluntad de Dios siempre se manifiesta haciendo cosas extraordinarias, tal como podemos apreciar en el siguiente testimonio:

Predicaba ese día en nuestra iglesia-hija en Orlando, Florida. Había en la congregación una hermana a la que le habían hecho una histerectomía, es decir, le habían extraído el útero debido a que tenía alojado un quiste de cuatro centímetros; pero no sólo eso, también le extrajeron la matriz. Llevaba tres años con esa condición, sin poder menstruar normalmente por falta de útero. En un momento del servicio, la gloria de Dios cayó sobre su cuerpo y ella tomó su sanidad. Al siguiente día su período menstrual quedó regularizado. Cuando fue al médico, le hicieron una ecografía y, para asombro de todos, los médicos encontraron que tenía un útero nuevo. Fue algo poderoso, que dejó impactados a los doctores. No podían explicar lo ocurrido, porque los exámenes previos indicaban que la mujer no tenía útero. ¡Al Señor le plació crearle un órgano nuevo!

- **Los milagros sólo existen en el ahora, no en el tiempo.**

Jesús nunca oró por un enfermo, siempre declaró la Palabra en el presente, con poder y autoridad. Él decía por ejemplo: "Sé sano", "Sé salvo" o "Sé libre", porque el reino de Dios ya había venido. Jesús les estaba diciendo: "Tu milagro es ahora". Él siempre rompió las leyes del tiempo, del espacio y la materia. Algunos predicadores profetizan milagros para el futuro, por eso hay gente que no busca un milagro sino una sanidad. Algunos predicadores han causado que los milagros se demoren porque hablan siempre del futuro, que Dios hará milagros, traerá un avivamiento o nos visitará con Su gloria; muy pocas veces hablan de lo que Él está haciendo y diciendo ahora. Hay gente que a lo mejor no hubiese muerto, si le hubieran proclamado que los milagros están disponibles ¡ya! ¡Hoy! ¡Ahora! Es bueno aclarar que un milagro no siempre se manifiesta de inmediato físicamente, pero sí puede recibirse en el espíritu ¡ahora!

"La fe es ahora" es el principio para recibir un milagro.

La mayoría de hombres y mujeres en la Biblia que recibieron un milagro u obraron milagros rompieron las leyes del tiempo. Por ejemplo:

- **La mujer sirofenicia**

  Oh mujer, grande es tu fe; hágase contigo como quieres. Y su hija fue sanada desde aquella hora.

  (Mateo 15:28)

Jesús le dijo a esta mujer que ése no era su tiempo porque todavía Él no había muerto ni resucitado. Entonces surge una pregunta: ¿Cómo la sanó? Jesús entró al ámbito espiritual por la fe, fue hasta la fundación del mundo y de ahí trajo la sanidad. Así la sanó.

- **La resurrección de Lázaro**

  Jesús le dijo: ¿No te he dicho que si crees, verás la gloria de Dios?

  (Juan 11:40)

Jesús vivía el poder de Dios en el ahora. Marta le hablaba de la resurrección del siglo venidero y Jesús luchaba por sobrepasar su intelecto y llevarla a la eternidad, donde todo es ahora, un perenne presente. De allí trajo Jesús a Lázaro a la vida de nuevo.

La mayoría de creyentes tenemos una mentalidad de futuro, no de ahora.

El siguiente testimonio demuestra que los milagros existen siempre en el ahora; no en el futuro, sino en el ahora:

Durante una campaña de sanidad y milagros, en la ciudad de Maracaibo, Venezuela, uno de los pastores de nuestra iglesia oró por una mujer que había perdido el tobillo de su pie derecho en un terrible accidente automovilístico hacía más de seis meses. Su pie literalmente colgaba por lo que sufría dolores desgarradores que le impedían caminar ni siquiera con muletas. Tan pronto como oraron por ella, el Señor hizo un milagro creativo y le colocó un tobillo nuevo frente a todos. La mujer daba gritos de alegría y júbilo, y empezó a correr y brincar por la iglesia. Afirma que mientras oraban por ella sintió un fuerte e intenso estirón en el hueso de su pierna y un calor abrasador por todo su cuerpo; entonces se dio cuenta que podía afirmar el pie. ¡Había recibido un milagro creativo! ¡Ya no tenía que esperar un trasplante! ¡Dios le había puesto un tobillo nuevo! Ahora la mujer está completamente sana, camina bien, vive contenta y agradece a Dios por su milagro.

¿Quiénes pueden operar y fluir en milagros?

- **El creyente que cambia su mentalidad por la revelación y la sabiduría del Espíritu Santo**

   Para que el Dios de nuestro Señor Jesucristo, el Padre de gloria, os dé espíritu de sabiduría y de revelación en el conocimiento de él. (Efesios 1:17)

   Dios desata revelación sobre nuestra mente cuando la hemos renovado conforme a Sus pensamientos. Entonces nos da los conceptos o los "cómo". Cuando el espíritu de sabiduría y revelación está ausente es reemplazado por simple información. En la actualidad, muchos cristianos creen en milagros pero no saben cómo operarlos porque carecen de revelación. Cada revelación que Dios nos da incluye el modo o la manera de realizarlo, porque el Espíritu de sabiduría está en ella. Mucha gente basa sus obras en información, no en revelación; por eso no vemos las manifestaciones de Dios. Cuando se trata de milagros es raro que Dios obre sin la colaboración de un hombre, pues Él trabaja a través de nosotros. Usted no puede hacer algo que Dios le manda si Él no le dice la forma de hacerlo. Si no sabe "cómo" entonces, ¿cómo puede hacerlo?

- **El creyente que cree y va a predicar la Palabra**

   "Y estas señales seguirán a los que creen..." (Marcos 16:17). Fíjese que dice que seguirán a los que creen, no sólo al predicador.

Si estudiamos todas las señales de Marcos 16, encontraremos que muy pocas siguen a los creyentes hoy en día, debido a que las niegan y no las creen. *"Id por todo el mundo"* (versículo 15). La palabra *ir* proviene del griego *poreuoramai* y significa viajar, salir, seguir, atravesar. Viene de la raíz *peira* y da la idea de perforar, pasar, atravesar con el fin de experimentar. Nunca vamos a ser usados en milagros, con el poder sobrenatural de Dios si no nos atrevemos a ir a buscar la cosecha.

La palabra *ir* da la idea de que es en todo tiempo; es decir que mientras uno va por la vida sana a los enfermos, va de vacaciones sana a los enfermos, sale de viaje y en el autobús o avión el sana a los enfermos. La raíz de la palabra *ir* se presenta aquí como perforar, penetrar o pasar a través de un objeto; como cuando alguien atraviesa de una parte a otra; es una palabra de fuerza, violencia y penetración. El verbo está en voz media, por lo que requiere una acción voluntaria de parte de nosotros; por ejemplo, viajar, atravesar o perforar. Dios también hace su parte mientras vamos. Lo que quiero expresar aquí es que cuando vamos, nos convertimos en canales del poder sobrenatural de Dios. Yo tengo una gran pasión, y es ver mi ciudad transformada, las naciones transformadas por medio de las señales, milagros y maravillas que provocan este poder.

• El creyente que cree y se convierte en una señal

He aquí, yo y los hijos que me dio Jehová somos por señales y presagios en Israel, de parte de Jehová de los ejércitos. (Isaías 8:18)

Cuando buscamos a Jesús no sólo nos siguen las señales sino que nos convertimos en una señal. Pero hay una condición, las señales sólo nos seguirán mientras vayamos. Si nos quedamos donde estamos no nos seguirán. Somos un testimonio vivo, real y verdadero de la obra maravillosa de Jesucristo en nuestra vida, por medio de la cual nos salvó, nos transformó, nos perdonó e hizo de nosotros una señal para el mundo. Esto indica que Jesús está vivo y puede salvar y cambiar a todo el que se humille y lo busque de todo corazón.

• El creyente que se mueve en osadía sobrenatural

*Y concede a tus siervos que con todo denuedo hablen
tu palabra.*   (Hechos 4:29)

En la actualidad, Jesucristo es tan hacedor de milagros como lo fue cuando anduvo en la tierra. La humanidad necesita el toque de Sus milagros como nunca antes. Dondequiera que un hombre y una mujer de Dios actúen con denuedo sobrenatural y en fe en la Palabra de Dios van a ocurrir sanidades, milagros, señales y maravillas; además, la gente inconversa será atraída. Personalmente, me rehúso a predicar un evangelio sin milagros. ¿Qué clase de Biblia tenemos si no vemos que está llena de milagros? ¿Qué clase de predicadores son aquellos que están en contra de los milagros? ¿Qué clase de predicación tenemos sin milagros ni evidencias?

El mensaje del evangelio del reino con evidencias sobrenaturales debe ser predicado y llevado a todas las naciones del mundo para recoger la cosecha. Testificar con evidencias sobrenaturales convence a la gente, lo cual es mejor que mil lecturas filosóficas. Un milagro es mejor que mil sermones vacíos. Toda Jerusalén se conmovió cuando el paralítico se levantó, y esto está ocurriendo en el mundo de hoy. La gente clama en su corazón por conocer y servir al Dios de los milagros. Todos los estratos sociales, razas, profesiones y oficios, tienen el mismo deseo por conocer la verdad y están listos para aceptar a Jesús cuando vean los milagros. Usted y yo, los cristianos, somos los agentes o representantes de Dios en la tierra, ungidos por Jesús para hacer los mismos milagros y señales que Él hizo.

Cada creyente puede moverse en milagros, señales y maravillas porque están disponibles para todo aquel que vaya y predique el evangelio; la revelación es que "Jesucristo vive en mí y se va a manifestar a través de mí cuando le preste mi humanidad". Él ha resucitado y está listo para seguir haciendo milagros; quiere usar nuestra humanidad para que bendigamos a otros por medio de las señales y las maravillas. Si usted necesita un milagro en su cuerpo o una sanidad, yo quiero orar declarando que mientras lee este libro será sanado:

"Padre, en el nombre de Jesús, yo ordeno, ahora mismo, que toda persona enferma, que necesita un milagro creativo en su cuerpo, que le hace falta un órgano, que tiene un órgano dañado o cualquier dolencia física, sea completamente sana en este momento. Ordeno que esa persona sea sanada, liberada y transformada, ahora mismo. Además, Te pido por aquellos escépticos que necesitan una señal visible, una manifestación sobrenatural. Yo declaro que todo lo que hablamos en este libro se manifiesta de modo visible y tangible en cada uno de ellos. Haz un milagro, manifiesta una señal, muestra una maravilla mientras leen, para que crean que Jesús es el Hijo de Dios, que está vivo, que ha resucitado y que les ama".

Resumen

- He visto a Jesús haciendo milagros en la Biblia, a través de otros hombres, y usándome a mí.

- Una sanidad es una recuperación progresiva iniciada por el poder sobrenatural de Dios.

- Un milagro es una obra de poder sobrenatural, instantáneo y repentino. Es la interrupción divina de las leyes del tiempo, el espacio y la materia.

- Una señal es algo que apunta a alguien o algo, con un sentido de dirección o destino.

- Jesús hizo 7 señales que marcaban que era el hijo de Dios: Convirtió el agua en vino, sanó al paralítico de Betesda, sanó al oficial del rey, alimentó a los cinco mil, caminó sobre las aguas, sanó al ciego y resucitó a Lázaro.

- Una maravilla es algo que asombra al espectador y testifica de Jesús apelando a la imaginación, el intelecto y el corazón.

- La expulsión de demonios es sacar al enemigo del alma o del espíritu de las personas, en el nombre de Jesús, y por el poder de Su Espíritu, para establecer el reino de Dios en ellas y darles vida eterna.

- Dios confirmó y validó el ministerio de Jesús con tres obras: haciendo milagros, señales y maravillas, aprobando públicamente a Jesús y Su ministerio, y confirmando Su identidad como Mesías.

- Los propósitos de los milagros, señales y maravillas son: testificar de Jesucristo como el Hijo de Dios, hablar una verdad alegórica del reino, provocar que la gente busque a Dios, establecer y expandir el reino, plantar iglesias prósperas, llevar el evangelio a nivel mundial, desafiar el intelecto de los escépticos, confirmar la predicación de la Palabra y probar que Jesús está vivo.

- Principios y claves para operar en milagros: desconectar la razón; operar milagros en el nivel de unción conforme a la fe; reconocer que los milagros son algo normal y no una excepción; debemos declararlos para que estos se manifiesten; también, necesitamos adaptarnos al ámbito sobrenatural y reconocer que los milagros sólo existen en el ahora, no en el tiempo.

- Para operar milagros basta ser creyente, tener una mente renovada por la revelación y tener la sabiduría del Espíritu Santo; hay que estar llenos de ese Espíritu; creer e ir a predicar la Palabra; y tener un atrevimiento sobrenatural.

9

Principios, conceptos y revelaciones para fluir en lo sobrenatural

Sin lugar a dudas, éste es uno de los capítulos más trascendentes de este libro. Aquí comparto conceptos, principios y revelaciones que he aprendido a lo largo de veinte años de experiencia en la ministración del poder sobrenatural de Dios sobre miles de personas. Este es el resultado de ver a Dios hacer toda clase de sanidades, liberaciones, transformaciones, salvaciones, milagros, maravillas y señales. Comparto además, revelaciones que en el transcurso del tiempo he aprendido de algunos hombres y mujeres que también ejercitan ese poder. Deseo que entienda los fundamentos, conceptos y principios que lo llevarán a anhelar más, hasta que su pasión lo lleve a experimentar el poder sobrenatural de Dios en su vida.

¿Cuáles son los principios, conceptos y revelaciones para fluir en lo sobrenatural?

1. Mantener una vida de oración personal que sea continua.

Aconteció que estaba Jesús orando en un lugar, y cuando terminó, uno de sus discípulos le dijo: Señor, enséñanos a orar. (Lucas 11:1)

Jesucristo estaba orando junto a Sus discípulos, pero sólo uno, Pedro, le pidió que les enseñara a orar. En aquel tiempo (esto es lo mismo que sucede hoy en día), a los creyentes les costaba entender la importancia de la oración, tanto en la vida personal como en la corporativa como iglesia. Pedro pidió esto porque entendió que los milagros, las sanidades y las grandes obras que el Maestro hacía procedían de Su vida de oración. Es oportuno decir que la vida de oración continua, constante y perseverante de Jesús era el motor principal detrás de todos los milagros y maravillas que hacía. Además, estaba directamente conectada con el poder y la autoridad para sanar, liberar y expulsar demonios. Jesús aplicaba un principio magistral: oraba sin cesar; es decir, pasaba varias horas en comunión íntima con el Padre, de manera que cuando tenía que orar por un enfermo, devolverle la vista a un ciego o resucitar a un muerto, sólo le tomaba unos pocos segundos.

Pasa horas con Dios y minutos con los hombres.

¿Que producía la vida de oración de Jesús?

- Abría los cielos.

- Hacía que el poder de Dios estuviera presente para sanar.

- Escogía a Sus discípulos.

- La oración lo llenaba de poder para sanar a las multitudes y liberarlas de demonios. Jesús no oraba frente a la gente para que se produjera una sanidad; simplemente declaraba la Palabra, pues en la intimidad con el Padre ya había ganado la batalla y tenía la sanidad en Sus manos.

- Hacía que el poder de Dios se impregnara en Su cuerpo y Su ropa y que la gente fuera sanada con sólo tocarlo.

- Producía la autoridad y la unción para que los discípulos sanaran a los enfermos. Ellos no llevaban el mensaje del reino bajo su propia unción sino que caminaban bajo la unción que producía la vida de oración de Jesús. De la misma forma, muchos en nuestros días se mueven bajo la unción que genera otra persona con su vida de oración; alguien que puede estar en autoridad sobre ellos. Así, hasta un creyente recién convertido puede hacer milagros.

- Les reveló a los discípulos quién realmente era Jesús.

- Despertó en Sus discípulos un gran deseo de orar como Él. Esto lo reporta el libro de los Hechos, que nos muestra que ellos no tomaban decisión alguna, sin antes orar y tomar el consejo del Espíritu Santo.

- Les enseñó a los discípulos la necesidad y el poder de persistir en la oración.

- Produjo celo por la casa de Dios.

- Guardó a Pedro para que no le faltara fe en medio de la prueba.

- Llevó a Jesús a pelear y ganar la batalla contra la muerte. Gracias a Su vida de oración obtuvo la resurrección aun antes de ir a la cruz.

La vida de oración de Jesús y su comunión íntima con el Padre, producían una atmósfera sobrenatural para desatar milagros y expulsar demonios, dondequiera que Él iba. Puedo afirmar que todos los hombres de Dios que caminan en lo sobrenatural viven de rodillas. Ésta clave de éxito en el ministerio de Jesús en la tierra, es la misma que aplico en mi vida a diario. Sé lo que es estar en la presencia de Dios, por horas, antes de los servicios, estudiando Su Palabra, alabando, adorando y esperando en Dios. En ese tiempo delante de Su presencia, el Espíritu de Dios me da instrucciones acerca de lo que quiere hacer con Su pueblo en los servicios y me muestra el rumbo por donde quiere llevar a la iglesia. Siempre escribo sus instrucciones, cuando quiere sanar ciertos tipos de enfermedades, cuando quiere bautizar con el Espíritu Santo, o cuando me da palabras proféticas específicas.

Un claro ejemplo de lo que estoy diciendo es el siguiente testimonio:

Un día estaba predicando en una de nuestras iglesias-hijas, en La Pequeña Habana, un área cercana al centro de Miami. Ellos habían estado buscando un edificio para la iglesia por muchos años. Éste es un sector bastante difícil para encontrar construcciones que sirvan a ese propósito. Sin embargo, Dios me dio una palabra profética; dijo que antes de seis meses les concedería su propio edificio. Pocos meses después esa palabra se confirmó. Lo que no habían encontrado en años, Dios lo proveyó en pocos meses. ¿A qué se debe eso? Al tiempo que paso en la presencia de Dios y escudriñando Su Palabra. Ese tiempo de intimidad con Dios produce profecías, sanidades, milagros y todos los frutos que usted ve en mi ministerio.

2. Saber que la oración e intercesión corporal son tan importantes como las individuales.

Una atmósfera producida por la adoración, la oración y la intercesión de una iglesia o comunidad, desata la presencia de Dios para hacer milagros y sanidades. Dios me ha dado la bendición de que mi esposa tenga un fuerte llamado a la oración y a la intercesión. Es más, creo que es una de las personas con mayor llamado que conozco en esa área. Durante catorce años ha desarrollado el ministerio de la intercesión en la iglesia; se levanta a las tres de la madrugada y ora hasta las siete de la mañana, todos los días. Así, ha logrado reunir un ejército de intercesores que la acompañan sin desmayar. Ésta ha sido la clave para crear y desatar una atmósfera sobrenatural en nuestro ministerio. Los apóstoles y profetas que nos visitan, siempre me comentan que la atmósfera de nuestra iglesia está saturada de la presencia de Dios y que cualquier cosa puede suceder durante la ministración. Si es un profeta le es fácil entrar en la presencia de Dios y desatar la palabra profética para la iglesia, para mi vida o para el liderazgo. Si es un apóstol, cuando trae una revelación ocurren señales, milagros y sanidades. La razón de esto, es que la atmósfera está edificada por la oración e intercesión continuas de mi esposa y todo el equipo de intercesores que Dios le ha dado. Yo mismo puedo dar testimonio de eso. Es normal que cuando estoy predicando la presencia de Dios se manifieste; que los ciegos abran sus ojos, los sordos oigan, los paralíticos se levanten, el cáncer desaparezca y ocurra todo tipo de milagros. Creo que ésta es la clave para caminar en lo sobrenatural y en la atmósfera de milagros. Cuando voy a otros países puedo sentir el respaldo de la oración y la intercesión de mi esposa, sobre mi vida y sobre el equipo que me acompaña. Dondequiera que vamos, llevamos la atmósfera de la casa; por eso se desata tanto poder sobrenatural en las naciones. Hoy por hoy tenemos intercesores y músicos, orando, adorando y alabando a Dios, junto al pueblo, las 24 horas de todos los días. Esto edifica el trono de Dios para que ocurran las manifestaciones sobrenaturales que muestran Su gloria y Su poder.

3. Tener la revelación y la sabiduría de Dios.

Para que el Dios de nuestro Señor Jesucristo, el Padre de gloria, os dé espíritu de sabiduría y de revelación en el conocimiento de él. (Efesios 1:17)

En el mundo espiritual debemos aprender a funcionar con los canales de acceso espirituales, porque los canales naturales no funcionan allí. ¿A qué se refiere Pablo al decir que necesitamos espíritu de sabiduría y revelación en el conocimiento de Dios? Se refiere a que el Espíritu de sabiduría y revelación nos enseña *cómo* obrar en lo sobrenatural. Muchos milagros se quedan en la eternidad porque mientras no exista un *cómo*, no se pueden manifestar. ¿Cuántas cosas Dios le ha pedido y usted no las ha hecho porque desconoce *cómo* hacerlas? Si no conoce el principio, es imposible que tenga acceso a lo sobrenatural con el sentido común o la lógica. Para actuar necesita fe y conocimiento revelado del Espíritu Santo. La revelación nos da acceso al ámbito espiritual. Si Dios no se lo revela no tendrá acceso a aquello que la Biblia describe como *"cosas que ojo no vio, ni oído oyó"* (1 Corintios 2:9). No sólo se trata de confesar, esforzarse o creer; mientras no llegue la revelación no tendremos acceso.

Sin revelación no hay acceso a la manifestación.
Y si no tenemos acceso a ella es porque
tampoco tenemos fe para poseerla.

La gente pone como excusa que esto no funciona. ¡Claro que no funciona! Ni funcionará, para quien no ha recibido el conocimiento para activarlo porque no tiene acceso; por ende, no tiene derecho a recibirlo o a que se le manifieste. Muchos de los avivamientos en este país y en el mundo se apagaron porque no hubo revelación continua de lo que vendría más adelante. La falta de revelación del porvenir nos estanca. Después de un tiempo sólo quedan servicios de mantenimiento; ya no sucede nada nuevo. Esto ha sucedido en todos los avivamientos, porque se detuvo la revelación del Espíritu Santo.

Cuando usted recibe una impartición sin revelación, ésta no permanece en su espíritu.

¿Cómo opera el espíritu de sabiduría?

La mayor parte de cristianos cree en milagros; entonces, ¿por qué no saben operarlos? La razón es que no tienen la revelación que, acompañada del espíritu de sabiduría, nos da los principios. Muchas personas actúan basadas en información, por eso no conocen *cómo* tomarlas; pero quienes sí saben *cómo*, manifiestan las señales del poder de Dios. Un ejemplo es el Dr. Oral Roberts, a quien conocí y visité varias veces en su casa durante el ocaso de su vida. Este hombre que llegó a imponer sus manos sobre más de un millón de personas compartió conmigo uno de sus principios o revelaciones. Me dijo que antes de ministrar se encerraba en su cuarto a orar y buscar el rostro de Dios, y no salía de allí hasta que sentía *Su poder* en la mano derecha. Entonces sabía que estaba listo para que los enfermos fueran sanados. Según este principio, su mano había sido ungida para sanar a los enfermos. Ése era el *cómo* que Dios le había enseñado. No significa que siempre tiene que ser el mismo método para todos, sino que hay un *cómo* para usted y Dios se lo dará.

Donde no hay revelación o conocimiento revelado no hay impartición ni progresión de fe.

En cada revelación que usted recibe Dios trabaja algo nuevo, por eso es profético que la gente quiera aprender *cómo*. Hoy en día no hay tantos principios del ámbito espiritual, porque no hay revelación ni espíritu de sabiduría. En cambio, el mundo sí tiene sus principios. Ellos saben *cómo* manejarse dentro de su esfera. Recolectan información, hacen experimentos, usan el ensayo y error, desarrollan conceptos e información, que luego traspasan de generación en generación, a través de carreras universitarias, cursos y prácticas.

Ningún líder puede llevarlo a donde él mismo no ha ido ni tampoco más allá de su conocimiento.

La revelación es el requisito para la manifestación, así como el oír es el requisito de la fe. (Vea Romanos 10:17). Usted no puede moverse de una dimensión de fe presente, sin una revelación presente. Por eso es que si todavía no le ha sido revelado no lo toque.

No puede el Hijo hacer nada por sí mismo, sino lo que ve hacer al Padre; porque todo lo que el Padre hace, también lo hace el Hijo igualmente. (Juan 5:19)

Usted no puede tener fe para algo que no sabe cómo hacer.

Mi experiencia sobre la revelación

Durante los años que llevo ministrando he notado que Dios no se puede manifestar en un ministerio más allá de la revelación o conocimiento que éste tenga. Hace algún tiempo enseñé en nuestra iglesia una serie acerca de conocer a Dios como nuestro proveedor; entonces el Señor se manifestó como proveedor, y muchas deudas fueron canceladas de modo sobrenatural, Dios proveyó trabajo a la gente, surgieron nuevos negocios, numerosas transacciones se cerraron con éxito, los jóvenes recibieron becas, los casos en la corte se resolvieron a favor del pueblo de Dios y muchos otros milagros financieros ocurrieron. Cada vez que llevo conocimiento revelado acerca del poder de Dios, Él se manifiesta haciendo milagros. Cuando enseño conocimiento revelado de Dios en algún área específica Él se manifiesta en esa área. De allí nace la importancia de enseñar todo el consejo de Dios. Entonces, si no tenemos mucha revelación de Dios Su manifestación será escasa. En cualquier área que queramos, primero debemos traer revelación.

Como ahora es revelado a sus santos apóstoles y profetas por el Espíritu.   (Efesios 3:5)

Apóstoles y profetas traen revelación. Sin ellos la iglesia se verá limitada a moverse sólo con doctrina básica.

Todo lo que la iglesia sabe ahora es lo que el ministerio del pastor, del evangelista y del maestro han enseñado, lo cual se limita a las doctrinas fundamentales del cristianismo; éstas no añaden revelación apostólica para el ahora. ¿Qué es la revelación apostólica? Es lo que va a la vanguardia, que declara lo que el Padre está diciendo y haciendo ahora, lo que causa que el cielo desate lo que Dios ha autorizado para la tierra. Cuando el Espíritu Santo revela algo a través de los apóstoles y profetas, el cielo ya no lo puede detener.

En conclusión, para movernos en el poder sobrenatural de Dios necesitamos revelación fresca y continua: oír, ver y percibir en el Espíritu; además saber: qué, cómo y cuándo actuar. Los milagros no suceden por suceder, tenemos que aprender a obrarlos. Por ejemplo, he estado en servicios donde la presencia de Dios no está, no siento Su poder, pero eso no significa que nada pasará. Ahí debo actuar en lo que Dios ya me mandó a hacer y en lo que Él ya hizo. Por tanto, comienzo a orar por las personas, a declarar las obras de Jesús en la cruz y los milagros suceden. Eso es activar la fe, caminar en fe y bajo la unción. Debemos saber cómo ejercer nuestra fe.

¿Quiere usted también empezar a caminar en fe para ser usado en milagros? Tome en cuenta el siguiente testimonio y camine bajo esa unción:

En una ocasión me encontraba en Los Ángeles, California, ministrando en una cruzada de sanidad y milagros. Entre los muchos y grandiosos milagros que ocurrieron allí, recuerdo el caso de un muchacho que tenía una enfermedad degenerativa y sumamente dolorosa, que afecta el sistema óseo, atrofia las extremidades e impide el crecimiento. Cada vez que el joven intentaba caminar era un proceso doloroso, porque tenía los pies torcidos. Esa noche, mientras declaraba la Palabra, adorábamos y hacía lo que Dios me mandó a hacer, Su gloria se manifestó de forma poderosa sobre el joven y lo sanó; enderezó sus pies. El joven comenzó a caminar e incluso a correr sin problema alguno. El rostro de alegría que tenía, jamás se me olvidará. ¡Dios lo sanó!

4. Dar gracias, alabanza y adoración a Dios.

Pero tú eres santo, tú que habitas entre las alabanzas de Israel.   (Salmos 22:3)

Otro principio esencial para fluir en lo sobrenatural es la *alabanza,* que es la traducción del hebreo *tejilá* que significa, cántico nuevo del Espíritu del Señor, dado a nuestro espíritu; es un himno de alegría que alaba los poderosos hechos de Dios. La otra palabra, "*habitas*", es la traducción del hebreo *yasháb* que significa morar, residir, establecerse, sentarse en un trono, tener una habitación para vivir permanentemente. Cuando leemos esto nos damos cuenta que Dios no quiere venir por una visitación sino que quiere venir a quedarse, a morar perpetuamente y gobernar en medio de un pueblo que se regocija por Sus victorias; pero esto debe ser provocado por acción de gracias, alabanza y adoración. Sólo cuando hemos edificado un trono con estos tres principios, Dios se manifiesta.

Una buena cantidad de creyentes piensa que orar es llevarle una lista de peticiones a Dios para que las conteste. Sin embargo, la verdad es que no hay acceso a Dios sin llegar en acción de gracias, sin alabarlo ni adorarlo. Ésta es una condición básica para entrar a Su presencia y recibir respuesta a nuestras oraciones. Cada una de estas tres involucra una manera de acercarse a Dios y nos relaciona con Él en aspectos diferentes. En la acción de gracias reconocemos la bondad de Dios, por medio de la alabanza reconocemos Su grandeza y Sus obras, y por medio de la adoración reconocemos Su santidad y gloria.

¿Qué es acción de gracias?

Entrad por sus puertas con acción de gracias, por sus atrios con alabanza; alabadle, bendecid su nombre.
(Salmos 100:4)

La palabra de Dios nos enseña que debemos dar gracias siempre, en todo y por todo, y que nuestras peticiones deben ir acompañadas de acción de gracias. Hay quienes tratan de tener acceso a Dios usando vías diferentes, pero eso es imposible. La gratitud a Dios es clave para desatar el poder sobrenatural, porque edifica el trono para que Dios haga una habitación.

¿Qué es alabanza?

Alabanza es la proclamación y declaración de los hechos poderosos de Dios expresados con júbilo, excitación, sonido, música y distintas posturas del cuerpo, como aplaudir, dar gritos y danzar. Alabar es exaltar a Dios en una celebración brillante, luminosa, delirante, escandalosa, extravagante, con sonidos clamorosos, hasta el punto de hacer el ridículo; es estar dispuestos a lucir como quien ha perdido la cabeza o que no está en sus sentidos, como aquellos que han bebido mucho y han perdido la mente temporalmente. Como vemos, la definición de alabanza nada tiene que ver con la forma mecánica y monótona que encontramos en algunas iglesias, que no tienen la vida ni el gozo de Dios. Bíblicamente la alabanza es una celebración que rompe la materia y penetra el ambiente hostil.

Si queremos experimentar una adoración profunda necesitamos una alabanza vibrante. Sólo así veremos la gloria de Dios manifestada.

¿Qué es adoración?

Adorar, significa besar inclinándose con reverencia. Viene de la raíz hebrea *shakjá* que significa postrarse; da la idea de caer de rodillas para rendir homenaje a Dios, es un acto de reverencia y humillación. En el Nuevo Testamento, la palabra adoración equivale al término griego *proskunéo* que viene de *pros* que significa hacia adelante y *kunéo* que significa besar. Es decir, *proskunéo* es besar la mano de un rey con una inclinación hacia adelante; es postrarse con respeto y reverencia; es un beso que expresa un alto grado de sumisión y profunda reverencia, para humildemente suplicar a alguien que haga algo; sólo es comparable al perro que lame la mano de su amo en halagadora muestra de afecto.

Entonces ella vino y se postró ante él, diciendo: ¡Señor, socórreme!   (Mateo 15:25)

Entonces la adoración es una actitud interna de humildad, respeto y reverencia a Dios, demostrada con actos visibles, expresada a través del sacrificio desinteresado, sin anhelo alguno de recompensa. Muchas veces pensamos que la única diferencia entre alabanza y adoración es que la primera tiene un ritmo rápido y la segunda es algo más lenta, y eso no es así. La alabanza proclama las poderosas obras de Dios, mientras que adoración es rendirle reverencia con humildad de corazón por quién es Él.

La alabanza afirma las obras poderosas de Dios, la adoración afirma la persona de Dios.

Tanto en el Antiguo como en el Nuevo Testamento, la Escritura describe una postura del cuerpo para alabar y para adorar. No se trata tanto de lo que decimos sino de la actitud con que lo hacemos. Pero va más allá, porque no implica sólo una postura física, es una actitud del espíritu, el alma y el cuerpo. Algunas características de la postura corporal en la adoración son: inclinar el rostro, levantar los brazos, extender las manos, arrodillarse y postrarse —literalmente esto significa caer con el rostro al suelo—, con el fin de reconocer nuestra total dependencia de Dios; es reconocer que en nuestras propias fuerzas, no podemos hacer nada; que sin Su gracia no somos nada. Una vez que hemos dado gracias, que hemos alabado y adorado, la gloria de Dios desciende. Ésta es la señal de que la habitación, el trono donde Dios se sienta ha sido edificado.

Entonces Abram se postró sobre su rostro, y Dios habló con él.
(Génesis 17:3)

El mayor acto de adoración descrito en la Biblia es postrarse en la presencia de Dios con la cara en el suelo.

¿Cuánto tiempo debemos adorar?

Alaba, hasta que el espíritu de adoración venga, y adora hasta que la gloria de Dios venga.

¿Por qué muchas veces la presencia de Dios no se manifiesta? Porque no hemos adorado lo suficiente, porque hemos cantado las mismas canciones de siempre, porque no hemos edificado Su trono, o porque hemos asumido una actitud incorrecta ante Su presencia. Cuando edificamos el trono de Dios, Satanás no puede permanecer en medio de nosotros. Si usted no adora correctamente, podrá tener un buen servicio pero no tendrá la gloria de Dios.

Veamos ahora una serie de conceptos acerca de la alabanza y la adoración y cómo se conectan con el fluir del poder sobrenatural:

- **La alabanza y la adoración provocan que Dios se revele a Sí mismo.**

  Y el uno al otro daba voces, diciendo: Santo, santo, santo, Jehová de los ejércitos; toda la tierra está llena de su gloria. Y los quiciales de las puertas se estremecieron con la voz del que clamaba, y la casa se llenó de humo. (Isaías 6:3–4)

Si usted adora con todo su corazón puede hacer que Dios se le revele como lo hizo a través de las Escrituras. En el versículo anterior, cuando se adoró Su santidad Él reveló Su gloria. Muchos de nosotros no llegamos a la iglesia a la hora de la adoración, sino que llegamos más tarde porque nos creemos tan espirituales que creemos que adorar no es necesario y sólo aparecemos para oír la Palabra. ¿Cómo Dios le va a hablar si primero no le adora? La adoración desata los sellos de revelación, entonces cuando la adoración no está llegando a Dios no puede haber revelación, o cuando la medida de adoración no es la correcta, el profeta sólo puede profetizar hasta esa medida, y los milagros creativos no sucederán. Ésta es una de las razones por las que la Biblia dice que la Palabra es como un martillo. En algunos lugares la atmósfera está tan dura que tenemos que golpear. Y la atmósfera está dura por falta de adoración o porque hay una adoración incorrecta.

Dios se revela en la adoración; es decir, la verdadera adoración es evidencia de que Dios se está manifestando. Nosotros no conocemos la adoración fuera de Dios porque fue Él quien la dio a conocer. Cuando el hombre no adora, algo no funciona en su interior. Por otro lado, si no encuentra al Dios verdadero, el hombre desata esa pasión por adorar en otras cosas, todas ellas creadas, incluyendo ídolos y al mismo ser humano.

- **La adoración en espíritu y en verdad sucede cuando ya no estamos conscientes de nosotros mismos sino sólo de Dios.**

> *Dios es Espíritu; y los que le adoran, en espíritu y en verdad es necesario que adoren.* (Juan 4:24)

La adoración es un mandato, y como tal, no depende de cómo nos sintamos. Hay líderes en las iglesias que se consideran tan importantes que siempre llegan al servicio después de la adoración. Esperan que el pueblo les prepare la atmósfera; tienen a todo el pueblo adorando pero ellos no lo hacen. Una adoración es completa y genuina cuando hemos excedido el límite de nosotros mismos y sólo estamos conscientes de Dios. Usted no adora a Dios mientras siga consciente de sí mismo y sus circunstancias. Si continúa pendiente de lo que otras personas piensan de usted, aún no está adorando. Si sigue pensando en las mismas cosas que ocupaban su mente antes de entrar al templo, aún no ha superado el límite de su humanidad; viene a ser como un ídolo delante de la presencia de Dios.

- **La adoración revela dónde está Dios: un lugar llamado "allí".**

> *Ciertamente Jehová está en este lugar, y yo no lo sabía.* (Génesis 28:16)

Si usted quiere saber dónde está Dios, siempre lo encontrará en medio de la adoración de su pueblo, en un lugar llamado *allí*. Por ejemplo, *"Donde dos o tres congregados en mi nombre, **allí** estoy yo en medio de ellos"* (Mateo 18:20, se añadío énfasis); Jacob también encontró un lugar llamado *allí*. El desierto era ese *allí* donde Dios estaba con el pueblo de Israel. (Ver Génesis 28:10–16). En el caso de Adán, el huerto del Edén era el *allí*. (Ver Génesis 2). El Señor hace una cita divina con nosotros y pone el lugar. Cuando usted encuentra su *allí* con Dios, por medio de la adoración, comienza a ver lo que Él está haciendo y a oír lo que está diciendo.

Allí, es el lugar donde usted se encuentra con Dios, en medio de la adoración.

- **El nivel de ascenso en alabanza y adoración determina el tipo de milagros que ocurrirán en un servicio.**

Si el ascenso en la alabanza y la adoración no es lo suficientemente alto, entonces puede que se sane alguien de un dolor de cabeza pero nadie de un cáncer terminal. Es verdad que hay servicios, en que el ascenso es mayor que en otros; sin embargo, si queremos la gloria de Dios tenemos que llevar la alabanza a otro nivel. Cuando usted alaba y adora a Dios pero su estilo de vida no está santificado, no puede ascender a Su presencia, porque tiene un peso que no lo deja subir. Todo aquello que no esté alineado con Dios será un peso para usted y no lo dejará elevarse en la adoración. La Biblia llama a eso *pecado*.

Ddespojémonos de todo peso y del pecado que nos asedia.   (Hebreos 12:1)

En el ámbito espiritual el pecado es considerado gravedad espiritual.

Hay niveles de la presencia de Dios a los que una persona no podrá ascender, no importa cuánto brinque, salte, se arrastre, se postre o grite. Si no está preparada para dejar caer el peso de pecado no podrá ascender. Por eso es que en los servicios, hay quienes entran en la presencia de Dios más rápido que otros, y algunos nunca entran, por causa del peso de su pecado. Ningún servicio en la iglesia debe volver al punto de partida o al nivel de ascenso en que estuvo la vez anterior.

No podemos vivir de las glorias de ayer; cuanto más alto subamos más gloria se derramará.

Estaba predicando en Maracaibo, Venezuela, cuando un milagro me asombró por la persistencia de la persona. Había allí una mujer que había ido a los Estados Unidos a buscarme para que orara por ella porque Dios le había dicho que cuando lo hiciera, sería sana. Esa vez no me encontró porque yo estaba de vacaciones. Luego, fue a buscarme a TBN (Trinity Broadcasting Network), porque se enteró de que sería anfitrión del programa "¡Praise the Lord!"; pero tampoco pudo dar conmigo porque salí rápido. Entonces, le llegó la noticia de que yo iba para Maracaibo. Una noche, cenando en Maracaibo, ella llegó al restaurante donde estábamos, en silla de ruedas y sin poder hablar a causa de la enfermedad, después de siete horas de viaje, pues no podía subir a un avión. Su esposo la acompañaba y yo le dije a él que la llevara a la cruzada para que Dios la sanara. El cáncer había tomado su cerebro y su cuerpo. El esposo la llevó a la cruzada y cuando estábamos todos alabando a Dios, yo comencé a enseñar acerca de la alabanza y la adoración. Todavía no había orado por nadie, cuando, de repente, aquella mujer que había entrado en silla de ruedas se levantó y comenzó a caminar y a hablar normalmente. Todo el pueblo de Dios se metió en alabanza de adoración, Su gloria cayó, y la mujer fue sanada al instante. Ése es el tipo de atmósfera que Dios está buscando en nuestras reuniones e iglesias. Esa misma atmósfera la podemos producir en nuestra casa. Cuando adoremos a Dios en espíritu y verdad recibiremos la sanidad, el milagro y todo lo que Él tiene listo para nosotros. Hay personas que han hecho de todo pero no han alabado ni han adorado a Dios. Si nada le ha funcionado, mi consejo es que alabe y alabe hasta que el espíritu de adoración venga y que adore y adore hasta que la gloria de Dios venga, sane su cuerpo y haga un milagro en su vida.

Hay quienes tienen más conocimiento de su circunstancia o problema que de Jesús mismo.

- **El propósito principal de la adoración es la intimidad con el fin de producir vida.**

Si su adoración no produce vida entonces está muerta. La adoración es una relación íntima como la que se da entre el hombre y la mujer. Mis hijos nacieron como resultado de la intimidad entre mi esposa y yo. No fue una casualidad, se planificó, y como resultado dos vidas nuevas fueron creadas. Así es la adoración. Si la adoración del creyente está basada en el amor a Dios, ¿por qué le tienen que decir que cante y levante las manos?

¿Qué predomina en la iglesia de Cristo? Lo almático. La adoración de hoy produce emociones en el alma pero no toca el espíritu. Como dijimos antes, la mayoría de canciones que entonamos, ya sean tradicionales o culturales, giran alrededor de nuestras necesidades terrenales. La adoración se convierte en idolatría cuando la necesidad viene a ser nuestro dios y lo terrenal nuestro ámbito. La adoración debe revelar la existencia de Dios no de la carne. Esta manera errónea de adorar a Dios tiene su base en el egoísmo del ser humano, aunque también se combina con la falta de conocimiento del Dios que se adora.

Nuestra adoración siempre estará de acuerdo con la revelación que tengamos de Dios. Usted no puede halagar a una persona que no conoce; sólo puede hacerlo con aquella que sí conoce, y cuanto más íntimamente la conozca, más detalles tendrá para agradarla. Por la misma razón, algunos no pueden alabar y adorar a Dios por mucho tiempo; se quedan sin palabras y sin ánimo, porque no saben a quién están adorando. Hay quienes se enojan porque se dedica una hora a la alabanza y la adoración; creen que es una pérdida de tiempo o desorden. Pero si usted conoce realmente a Jesús y fija sus ojos en Él durante la adoración, llegará un momento en que se olvidará del tiempo, las circunstancias y hasta de su necesidad. Cuando usted se centre en Jesús, Él se entronará en su necesidad.

- **La alabanza y la adoración desatan la atmósfera de gloria y la presencia de Dios.**

Cuando usted tiene intimidad con Dios da a luz Sus planes en la tierra. Si la alabanza sienta las bases o prepara el terreno para luego ascender en adoración y unirse con Él, no podemos cantar cuatro alabanzas muertas y pensar que vamos a entrar a Su presencia con cara de aburridos. Si somos adoradores en espíritu y en verdad, vamos a edificar ese trono y a construir la habitación para que Dios habite en nuestros *tejilás* o cánticos nuevos; para que sane al enfermo, haga milagros, transforme vidas y sea glorificado, al punto que nuestra alabanza produzca vida en cada persona que se siente en nuestros servicios.

5. Edificar de una atmósfera espiritual.

En mi experiencia, cada vez que voy a predicar y ministrar milagros y sanidades, lo hago desde la atmósfera que produce mi vida de oración y adoración, personal y corporativa en la iglesia. Dios siempre ha hablado desde la nube de Su gloria. De ahí la importancia de saber cómo edificar una atmósfera espiritual.

¿Qué es una atmósfera?

Una atmósfera es la capa de aire que rodea la tierra, o la capa gaseosa que rodea un cuerpo cualquiera. Es el ambiente que lo rodea. Una atmósfera espiritual es la nube de la presencia de Dios que nos rodea. Por ejemplo, cuando hace mucho frío en invierno, usted respira y puede ver cómo el aliento sale de su boca; puede ver la atmósfera que produce su aliento. La alabanza y la adoración producen el aliento de Dios en medio nuestro, y el aliento de Dios es vida. Tenemos que crear una atmósfera celestial para que los milagros, las sanidades y los prodigios ocurran, donde usted pueda ver lo que habla. A veces la gente está centrada en lugares donde su fe no puede trabajar. Si le sucede eso tiene que cambiar su atmósfera o ambiente. Cuando Jesús se alejó de Nazaret no lo hizo para probar ninguna teología, ni para demostrar que era el Hijo de Dios o el profeta de moda. Él se fue porque esa atmósfera no era la correcta. Muchas personas están muriendo en un lugar donde no existe nada sobrenatural, donde no está ni la vida ni la presencia ni el poder de Dios, porque no se genera ninguna atmósfera divina. No hay oración ni hay intercesión; tampoco hay una alabanza y adoración suficientemente alta que edifique el tabernáculo para que Dios habite. Yo lo he vivido; por eso contraté músicos profesionales y llenos del Espíritu Santo, a tiempo completo, para enseñarles a manifestar la presencia de Dios y que puedan fluir conmigo. Hoy por hoy no sólo lo hacen en nuestra iglesia; sino que dondequiera que vamos ellos saben edificar una atmósfera de Su presencia y como resultado los milagros siempre ocurren.

La adoración establece la atmósfera divina en la tierra.

Desde la perspectiva de Dios todo en la tierra está estancado debido a la caída del hombre. En el principio, el cielo y la tierra estaban juntos pero cuando el hombre pecó, hubo una separación, un distanciamiento. En este ámbito natural ya no está la gloria de Dios manifestada. La única manera de traerla es a través de nuestra alabanza y adoración. Entender esto nos lleva a saber que no podemos apurar la alabanza y la adoración en el servicio. Su duración dependerá del lugar. Si la atmósfera del lugar es dura tomará más tiempo edificar ese trono. Cuando no es tan dura se puede ir directo a la adoración.

Hay tres revelaciones importantes acerca de una atmósfera:

- Tenemos que percibir o discernir la atmósfera de un lugar.
- Tenemos que desatar y declarar lo que hay en la atmósfera.

- Debemos tomar y recibir lo que se desata de esa atmósfera.

En una oportunidad estaba en una cruzada en México, y cuando me entregaron la plataforma, percibí la atmósfera muy dura. Se podía sentir la sequedad; dicho sea de paso, ésa es la razón por la cual llevo mis músicos a las naciones. Así que comenzamos a alabar a Dios y después entramos en adoración; de repente, toda la atmósfera cambio. La gente que antes estaba dura y no levantaba las manos, en seguida que se manifestó la presencia de Dios, lloraba quebrantada. Muchas veces no sólo se trata de edificarla sino de discernir qué tipo de atmósfera es; si es para milagros, para sanidades, para liberación o para algo distinto. Cuando discernimos la atmósfera, el siguiente paso es declarar y hablar desde esa atmósfera, para que suceda lo que ésta trae. Todo lo que declaremos en ese momento, sucederá. En el siguiente testimonio veamos cómo podemos discernir la atmósfera y cómo Dios obra milagros a Su voluntad:

Durante la misma reunión en México que comenté en el testimonio anterior, Dios me mostró que había entre los presentes mucha gente con problemas en los huesos. Así que hice ese llamado. En verdad habían personas a quienes les faltaban huesos en alguna parte de su cuerpo. Muchos vinieron cojeando, con muletas y en silla de ruedas; otros vinieron con tornillos en sus huesos. Como la atmósfera estaba lista, declaré y desaté lo que había en esa atmósfera y empecé a orar por la gente. Oré específicamente por las condiciones que el Señor me había señalado. Discerní de qué atmósfera se trataba. Entre tanta gente que se sanó, estaba una mujer a quien sus amigos apodaban "la coja", porque le faltaba una pulgada de hueso en la cadera y caminaba lentamente y balanceándose, además le faltaba una porción de músculo en la misma zona. ¡Dios se glorificó ese día! Llenó su cadera de músculo y le creó el hueso que faltaba. La mujer comenzó a saltar y caminar sin cojear, como si llevara prisa. No paraba de darle gracias al Señor. ¡Dios lo hizo una vez más!

Para resumir estos principios, recordemos que la acción de gracias sienta las bases para edificar el trono de alabanza y adoración donde Dios se sentará. La alabanza es proclamar los poderosos hechos de Dios y la adoración es declarar quién es Él, todo lo cual involucra una actitud del alma, el espíritu y el cuerpo. Así se edifica el trono para que Dios se siente y que Su atmósfera se manifieste, de modo que podamos declarar lo que Él está diciendo y haciendo en ese momento único. Éstos son principios muy poderosos para fluir en el poder sobrenatural de Dios, que se generan desde el sacerdocio del altar y una mayordomía efectiva del poder y la unción de Dios. Pero hay otros que están relacionados con el pueblo que va a recibir los milagros.

6. Entender la ley de la respuesta.

Muchos cristianos han visto excesos de lo sobrenatural y reaccionan al error, por lo general, produciendo más error. Cuando respondemos a la verdad siempre ganamos sobre aquellos que reaccionan al error. Tenemos que responder al poder sobrenatural sin miedo. A veces, los cristianos tratan de buscar un terreno neutral, donde siguen creyendo en Dios pero no se arriesgan a tomar un paso de fe, sin darse cuenta que de esa manera no son útiles a Dios ni bendicen a la gente, y aun más, no representan ninguna amenaza para el enemigo. Hoy en día los predicadores tenemos que motivar a la gente para que responda a lo que Dios está haciendo; muchos no saben cómo hacerlo ni que tienen que hacerlo. Existe una traba religiosa que nos lleva a pensar que cualquier reacción tiene que ver con lo emocional, pero no podemos quedarnos rígidos sin hacer nada; tenemos que alabar y adorar a Dios. Él quiere ser celebrado, no tolerado. Dios debe ser amado, Su gloria debe ser anhelada y Su poder recibido.

Seremos juzgados por nuestra falta de respuesta ante la presencia de Dios y Su poder.

En ciertas iglesias se siente la presencia de Dios pero nada sucede. Hay presencia porque hay gente que ora y ayuna pero nadie sabe cómo responder o cómo echar mano de la vida de Dios. La atmósfera permanece cargada pero nada sale de allí.

Eso significa que los milagros, maravillas, señales, liberaciones y transformaciones quedaron atascados porque la gente no supo responder y tomarlos.

¿Cómo funciona la ley de la respuesta?

Y el poder del Señor estaba con él para sanar.

(Lucas 5:17)

En el capítulo 5 del libro de Lucas, vemos una multitud reunida, observando indiferentes, sin respuesta, en medio de una atmósfera lista para producir milagros. (Ver versículo 5). Quizá esperaban que Jesús les impusiera manos o que los llamara por su nombre. Tuvo que llegar alguien, que no estaba allí desde el principio, entrar ingeniosamente y arrebatar un milagro de la atmósfera creada por la oración de Jesús. ¡Lo metieron por el techo de la casa! Dice el evangelista que el poder de Dios estaba con Jesús para sanar. Esto nos lleva a preguntar: ¿Qué pasa si nadie necesita sanidad? El poder de Dios abarca todas las necesidades y Su gracia es multiforme. Ya sea que el pueblo necesite sanidad, liberación o cualquier otra cosa, la ley de la respuesta sigue siendo fundamental. Es necesario que respondamos, de lo contrario, el poder de Dios se retirará.

El ámbito del poder de Dios que no encuentra respuesta no permanece en la casa.

Antes, algunos de nosotros sabíamos cómo responder pero ahora nos hemos vuelto muy espirituales. Antes gritábamos y danzábamos, pero ahora somos demasiado importantes para algo así. Por eso Dios permite que pasemos por el dolor, porque cuando nos duele gritamos, nos sale el clamor y hacemos a un lado la reputación. La alabanza viene de lo profundo del corazón. La gente que ha sufrido mucho alaba a Dios de continuo. En este día yo lo reto a responder, ahora mismo. Dios está desatando Su poder para sanar, para liberar; lo desafío a que dé un grito de victoria, que proclame que está sano, que está libre, que un milagro creativo está sucediendo ahora mismo en su cuerpo. ¡Tenemos que responder!

La manifestación del poder de Dios que usted responde es la única que permanece.

El poder de Dios está presente, sólo espera que usted responda. No importa lo que necesite; puede ser sanidad o un milagro creativo; tal vez requiera enderezar un hueso torcido, crear un órgano, restaurar un ojo, restituir pelo en la cabeza, añadir músculo a su cuerpo; ahora es el tiempo de recibirlo. Aquellos que tienen fe para actuar háganlo ahora.

El poder de Dios siempre está presente aunque no siempre es recibido.

Podemos predicar la revelación más profunda pero nada ocurrirá mientras el pueblo no entienda que tiene que responder. Jesús no pudo hacer milagros en Nazaret debido a la pasividad de la gente. Si donde está el Espíritu del Señor hay libertad, lo que detiene la respuesta de la gente es la atadura. Dios ama la espontaneidad. Si no la hay todo se vuelve mecánico. Sea libre para alabar, danzar, gritar y responder con un acto que antes no podía hacer. Usted está respondiendo a la gloria, y a la unción de Dios.

En este instante, le animo a tomar la decisión y comenzar a hacer lo que antes no podía. Mientras lo hace, lo declaro sano, lo declaro libre, declaro que milagros creativos se están produciendo en su cuerpo, que hay manifestaciones sobrenaturales de Dios en su mente y en su corazón. Oro para que al leer este capítulo comience a reaccionar, a responder y pueda recibir su milagro ahora. Declárelo con su boca, adore a Dios y haga una acción correspondiente; luego dé gracias a Dios, en el nombre de Jesús. ¡Amén!

Quiero que su fe vaya a otro nivel. Lo invito a leer el testimonio que viene a continuación porque en verdad Dios está listo para sanar:

Durante un servicio de sanidad y milagros en nuestra iglesia, vino al altar a testificar una señora dominicana que llevaba doce años en silla de ruedas. Antes no podía caminar, no podía moverse, tampoco podía doblarse y mucho menos cargar peso. Todo esto, como consecuencia de un terrible accidente. Pero cuando el poder de Dios cayó sobre ella, empezó a hacer todo lo que antes no podía hacer. Comenzó a doblarse, moverse, caminar, saltar y hasta correr, sin dolor alguno en su columna. La mujer estaba llena de gozo. "¡No lo puedo creer!", gritaba mientras corría. No dejaba de darle gracias a Dios. ¿Qué pasó en este caso? La mujer respondió a la gloria de Dios presente en el lugar y tomó su milagro, hizo una acción correspondiente y testificó de inmediato. ¿Lo hará usted también?

7. Entender la ley de la expectativa.

Entonces él les estuvo atento, esperando recibir de ellos algo. (Hechos 3:5)

La fe actúa en lo que ya ha sido predeterminado, por eso hay expectativa.

Cuando la gente viene a la iglesia por primera vez todavía no ha creído nada. Yo no puedo imponer las manos sobre gente que no espera nada. Sé que en ocasiones se ofenden, pero usted no puede dar lo que alguien no recibe. Debemos ir predeterminados, con la expectativa de recibir un milagro, una sanidad, una liberación o un evento sobrenatural. A veces, incluso cantamos canciones que matan nuestra fe, que dan vueltas alrededor de nuestro dolor en vez de declarar lo que Dios ya hizo. Algunos predicadores tienen que luchar para que la gente reciba porque no hay expectativa alguna, a menos que venga un invitado famoso.

En mi experiencia he notado que la expectativa que genera un predicador de afuera no es la misma que genera el predicador local. Por eso al local le cuesta tanto desatar el poder de Dios; porque no hay expectativa, porque hay familiaridad con él y con su unción. Dios está desatando una expectativa sobrenatural en el creyente. No importará quién predique, la gente vendrá y tomará su milagro de la atmósfera de la eternidad. ¿Puede imaginarse a toda la iglesia a la expectativa? Aun cuando usted no tenga el don de sanidad Dios manifestará Su poder.

El secreto para fluir en milagros es saber el tiempo en que Dios se manifestará en el servicio y estar siempre a la expectativa.

Observemos cómo Dios obra milagros cuando el pueblo pone demanda:

Hace algún tiempo viajé a Perú para predicar a unos dos mil pastores y líderes de ese país. La expectativa era tan grande que me recibieron como al hombre de Dios, y al mensaje que llevaba, como la palabra de Dios; lo mismo que le sucedió a Pablo en Tesalónica. Eso generó gran demanda sobre el manto que Dios ha puesto sobre mí. Hasta el lugar llevaron a una mujer en camilla, con una enfermedad en su espalda que no le permitía hacer el más mínimo movimiento. Mientras predicaba la Palabra la mujer puso tal demanda, que llegó un momento en que se levantó de la camilla y subió a la plataforma, con cobijas y todo, a testificar que Dios la había sanado. Al siguiente día volvió con su familia y con documentos del médico que ratificaban la enfermedad de la que Dios la había sanado. En el mismo lugar, otra mujer testificó que Dios le había creado cinco dientes nuevos de oro. Decenas de milagros más ocurrieron en ese lugar, debido a la demanda de la gente sobre la unción; además, porque tenían la expectativa de recibir, como ocurrió en el libro de los Hechos.

8. Declarar la Palabra con la intención de que suceda.

Usted no puede declarar la palabra de Dios sin conocimiento previo de lo que va a suceder. Si no tiene la intención de que suceda no hable. Si usted le va a hablar a un ciego y no espera que vea, no le hable. Si le dice al paralítico que se levante y no espera que se levante no le hable. Si usted le habla a un sordo y tiene previo conocimiento revelado de lo que va a suceder, entonces hable y espere que el sordo oiga. No puede haber nada en su mente que lo haga dudar. Si piensa que tal vez no sucederá, entonces usted no ha cruzado aún ese obstáculo; todavía respeta el tiempo, la materia y el espacio, y no puede hablarle a la materia hasta que tome dominio sobre ella. ¿Ahora entiende por qué el conocimiento mental no sirve en asuntos espirituales? Para movernos en lo sobrenatural debemos exceder ese ámbito y ejercer dominio sobre las leyes de la naturaleza.

No hable la Palabra si no tiene la intención de que ocurra lo que habla.

Por la palabra de Jehová fueron hechos los cielos, y todo el ejército de ellos por el aliento de su boca.
(Salmos 33:6)

Cuando la palabra de Dios sale y se junta con el aliento del Espíritu Santo se produce una explosión llamada *poder creativo*, y el Espíritu Santo la confirma. Ese poder sobrenatural divino hace que los ciegos vean, los sordos oigan, los mudos hablen, los paralíticos caminen. Dios hace milagros creativos. Si usted habla como Dios, con el propósito y la intención de que ocurra lo que habla, no hay alternativa, tiene que suceder; eso se declara sin margen de error.

Y quien sustenta todas las cosas con la palabra de su poder.
(Hebreos 1:3)

Confesión es decir lo mismo que Dios ha dicho. Jréma es hablar lo que Dios está diciendo ahora.

La Palabra de Dios se cumple inexorablemente, sino veamos el siguiente testimonio:

Durante un servicio de sanidad y milagros en México, un niño de 13 años al que le faltaban dos dedos de sus pies, desde su nacimiento, recibió tremendo milagro creativo. Su situación económica era tan difícil que para llegar a la cruzada tuvo que ponerse a vender pastelitos en la calle. Cuando la gloria de Dios se manifestó en aquel lugar, se desató una ola de milagros creativos, y él se apropió del suyo. Cuando pedí que se revisaran e hicieran lo que antes no podían hacer, aquel niño se quitó las medias, todavía con vergüenza. Para su sorpresa, vio que tenía dos dedos nuevos donde antes no existían. De inmediato se le fue la vergüenza. ¡Dios había hecho un milagro creativo, tangible y visible! El muchacho estaba tan feliz, que su sonrisa tímida al comienzo comenzó a crecer y después no podía parar de reír. ¡Gloria a Dios!

Usted no puede operar en lo sobrenatural sin la revelación de la inteligencia de Dios. ¿Cuál es el problema con la iglesia? Los creyentes cometemos el error de pensar en base a nuestras habilidades. Si no está dentro del cuadro de lo que consideramos normal, no lo creemos. No nos atrevemos a ir más allá de lo natural, preferimos quedarnos en una zona de comodidad, aunque nada suceda, por temor a cometer errores. El 99 por ciento de los creyentes no va a la iglesia con la intención de ver algo sobrenatural. Se asombran al ver un milagro porque no lo esperan. Si usted no espera que Dios se manifieste para qué va a la iglesia.

Si repasamos estos tres últimos conceptos, debemos recordar que, para activar el poder sobrenatural, debemos tener una capacidad de respuesta a la atmósfera generada por la oración, la alabanza y la adoración. Para eso necesitamos traer una expectativa previa. Si no esperamos nada no podemos responder cuando la eternidad de Dios se manifiesta para hacer milagros. Dios extiende Su mano para darnos lo sobrenatural, pero nosotros tenemos que extender la nuestra para tomarlo.

En conclusión, vimos muchos principios y conceptos de cómo fluir en lo sobrenatural, la oración, la intercesión, la revelación, alabar, adorar, cómo edificar una atmósfera, la ley de la reacción, la ley de la expectativa, y el hablar la palabra creativa. Todo esto conlleva a que la gloria de Dios se manifieste para sanar al enfermo, libertar al cautivo y que el evangelio de Jesucristo sea expandido en toda la tierra, y el nombre de Dios sea glorificado en todo lo que hagamos. Así el mundo conocerá a un Dios sobrenatural y también tendrá una experiencia sobrenatural con Él. Hoy, amigo lector, usted también la puede tener; sólo tiene que responder a todo lo que ha leído con expectativa, creyendo que el Dios que se movió en la Biblia, y se mueve en mi vida, también se puede mover en la suya.

Resumen

- Principios, conceptos y revelaciones para fluir en lo sobrenatural:
    - Mantener una vida de oración personal que sea continua;
    - Saber que la oración e intercesión corporal son tan importantes como las individuales;
    - Tener la revelación y la sabiduría de Dios;
    - Dar gracias, alabanza y adoración a Dios;
    - Edificar una atmósfera espiritual;
    - Entender la ley de la respuesta;
    - Entender la ley de la expectativa; y
    - Declarar la Palabra con la intención de que suceda.
- Alabanza es la proclamación de los hechos poderoso de Dios, mientras que adoración es postrarse, inclinarse, con reverencia y humildad.

- La acción de gracias, la alabanza y la adoración edifican el trono para que Dios se siente en medio nuestro.

- La alabanza y la adoración son las que más conectadas están con la manifestación de la gloria de Dios porque provocan que Dios se revele; estas son verdaderas cuando perdemos conciencia de nosotros mismos y nos centramos en Él.

- La alabanza nos revela que Dios está "allí" y el nivel de adoración que alcancemos determinará el tipo de milagros que se manifestarán.

- La atmósfera sobrenatural se edifica por medio de una vida de oración personal y colectiva, constante y creciente.

- Tres puntos importantes sobre la atmósfera: Percibirla o discernirla, desatar lo que hay en ella, y tomarlo.

10

Cristo manifestando Su poder sobrenatural a través del creyente

El libro de los Hechos marca el final del ministerio de Jesucristo y el comienzo del ministerio de la iglesia. Los primeros 4 versículos de este compendio sirven de puente hacia una nueva etapa; de ahí en adelante, somos nosotros quienes perpetuamos lo que Jesús comenzó. Estamos en este mundo para continuar todo lo que Él hizo; para eso nos dio el mismo poder y la misma autoridad que el Padre le otorgó, de manera que todo el que crea en ese poder y lo abrace puede hacer lo que Jesús hizo. Éste es un ministerio para cada creyente que ha recibido a Jesús como Señor y Salvador y obedece Su Palabra. Hechos registra las obras que realizaron los apóstoles de aquel tiempo, movidos por el Espíritu Santo, pero también queda abierto para que cada creyente continúe escribiendo las victorias propias que Dios le dará, cuando actúe en el nombre de Jesús.

La palabra *hechos* significa acciones, hazañas, obras o eventos; es algo que hemos realizado, como la prédica de la Palabra con demostraciones del poder sobrenatural de Dios para sanar y hacer milagros; incluye todos sus progresos en el cumplimiento de la gran comisión que Jesús nos dejó. Visto de esta manera, usted también puede escribir un libro de hechos de lo que el Espíritu Santo realiza usando su vida. Los primeros apóstoles estaban en continuo movimiento; mientras iban sanaban a un enfermo, mientras llegaban expulsaban un demonio, y mientras volvían hacían un milagro. Ellos se encargaron de hacer avanzar con ímpetu el reino de Dios. A ese cuerpo se le llamó iglesia. Sin embargo, pese a lo importante que es, Jesús apenas lo mencionó una vez; sin embargo, citó el reino más de 150 veces. Desde el comienzo de su ministerio hasta su resurrección, siempre le dio prioridad al reino. La iglesia es la manifestación creciente del reino de Dios para servir a Jesús, pero el reino es más grande que la iglesia.

¿Cuáles son los nombres que la Biblia da a la iglesia?

El pueblo de Dios es citado en la Biblia con diferentes nombres. Se le llama iglesia, cuerpo, obra, templo, familia, novia y ejército. Hay quienes afirman que la iglesia es un hospital pero la Biblia nunca la llama así. Sí, la iglesia restaura y sana al enfermo, al caído, al triste y al afligido, pero esa no es su única función ni tampoco la principal.

¿Qué es la iglesia?

La iglesia es el cuerpo de Cristo. El origen de esta palabra lo encontramos en dos términos hebreos: *edah* que se usa para referirse a "congregación" y *qahal* que significa "asamblea". *Edah* se refiere a un grupo homogéneo; no es una colección de individuos sino una gran unidad, sin diferencias ante Dios. Por su parte, *eklesía,* el término griego, significa "los llamados a asamblea". Esta palabra reúne los dos aspectos de una asamblea: uno, es el hecho que alguien *llama* a que se junten los individuos; y dos, que existe un *propósito* o razón para llamarlos. En síntesis, *eklesía* es una congregación llamada por alguien con un propósito; es llamada por Jesús con el propósito de cumplir Su voluntad en la tierra. Veámoslo de esta manera, hemos sido llamados del mundo para conformar el cuerpo de Cristo, y obedecer a la cabeza que es Jesús. Pero la cabeza no puede hacer nada si el cuerpo no se mueve. Si mi cabeza quiere salir por una puerta ahora, ella toma la decisión pero el cuerpo tiene que moverse. Si quiero recoger algo del suelo, la cabeza toma la decisión pero la mano tiene que estirarse. Asimismo es con Jesús, como cabeza, Él tiene planes, deseos, propósito, misión, mandato, pero no los puede llevar a cabo a menos que el cuerpo colabore. Aunque quiera dejar al cuerpo a un lado y que la cabeza lo haga todo, no va a suceder, porque la función de la cabeza es ordenar y la del cuerpo, ejecutar o llevar a cabo.

Cuando Dios nos pide que hagamos algo es porque Él no lo va a hacer por nosotros.

Por ejemplo, Dios nos mandó a proclamar el evangelio a todo el mundo, empezando por nuestro vecindario, en las casas, en el templo, a las ciudades, a las naciones, y también nos mandó a hacer discípulos. Nos mandó a sanar a los enfermos, a predicar el evangelio del reino, y prometió que las señales nos seguirían. (Vea Marcos 16:20).

Y yo también te digo, que tú eres Pedro, y sobre esta roca edificaré mi iglesia; y las puertas del Hades no prevalecerán contra ella.　　　　　　(Mateo 16:18)

Jesús no le delegó la edificación de Su iglesia a nadie sino que lo hizo Él mismo, y la fundamentó en la revelación o conocimiento revelado de que Él es el Mesías, el Rey y Señor. *Eklesía* describe al cuerpo gubernamental del estado griego, con sede en Atenas, el cual estaba compuesto sólo por hombres ciudadanos. La iglesia, para los cristianos, es la gente llamada del mundo para ejercer gobierno y autoridad en la tierra, proclamando el evangelio de Jesucristo con señales y milagros. Hoy no hay suficientes indicaciones de que somos el cuerpo gubernamental de Dios en la tierra; ya que no ejercemos a cabalidad nuestra responsabilidad de administrar el gobierno de Dios. Éste es un concepto extraño para el pueblo de Dios. Como iglesia, somos responsables de muchas cosas malas que suceden en el mundo porque no hemos tomado la autoridad que nos ha sido delegada para decretarlas ilegales. Entonces, si queremos cambiar la nación tenemos que empezar cambiando la iglesia. ¿Estamos conscientes de nuestra responsabilidad? En la ciudad de Atenas se daba la ley para la ciudad y una vez establecida no se podía cambiar. La *eklesía* no podía cambiar las leyes, pero sí podía hacer decretos. Jesucristo hizo las leyes y no pueden ser cambiadas, pero sí podemos hacer decretos.

> *Y a ti te daré las llaves del reino de los cielos; y todo lo que atares* [declares impropio o ilegal] *en la tierra será atado en los cielos; y todo lo que desatares* [declares legal] *en la tierra será desatado en los cielos.*
>
> (Mateo 16:19)

Tenemos que hablar nuevos decretos para hacer cumplir las leyes del reino en la tierra. Jesús lleva a cabo sus propósitos eternos a través de la iglesia, sin importar cuánto nos tardemos. De hecho, nos ha tomado veinte siglos llevar el evangelio a las naciones y aún nos falta para que llegue hasta lo último de la tierra. Tenemos que inundar las naciones con milagros, maravillas y prodigios. Jesús no va a hacer el trabajo que nos corresponde completar. Muchos de los creyentes de este tiempo carecen de autoridad, porque no caminan bajo autoridad. Hay gente rebelde que debe aprender a someterse a la cabeza que es Cristo.

Todo aquello que no está bajo la Cabeza no es cuerpo, o iglesia.

¿Cuáles son los propósitos de la iglesia de Jesucristo?

1. La proclamación del evangelio del reino en todo el mundo

> *Y será predicado este evangelio del reino en todo el mundo, para testimonio a todas las naciones; y entonces vendrá el fin.* (Mateo 24:14)

Los creyentes somos, sal de la tierra, luz del mundo (vea Mateo 5:13–14), reyes y sacerdotes, embajadores, pescadores de hombres, atalayas, testigos, representantes de Cristo, pacificadores y pequeños Cristos. Tenemos una misión y un mandato: predicar el evangelio a toda criatura con milagros, señales, maravillas y demostraciones del poder de Dios, que confirman que somos la extensión de Jesucristo en la tierra. Dios está levantando personas para cumplir este mandato.

2. Hacer discípulos a todas las naciones

Por tanto, id, y haced discípulos a todas las naciones.
                                    (Mateo 28:19)

En nuestra iglesia tenemos miles de discípulos, dentro de los Estados Unidos y en otros 25 países más. Cada uno de ellos está siendo entrenado, enseñado y equipado para sanar a los enfermos, predicar el evangelio del reino, llevar los milagros, señales y maravillas a diferentes vecindarios, territorios y ciudades del mundo.

3. Manifestar la vida del reino

Para que también la vida de Jesús se manifieste en nuestra carne mortal. (2 Corintios 4:11)

Ésta es la vida de resurrección que Jesús ha puesto a disponibilidad del creyente por la fe. La vida de Jesús se manifiesta en nuestro cuerpo mortal; es lo que yo llamo salud y sanidad divinas. Si la tenemos, también nosotros podemos ministrar esa vida de resurrección para sanar y liberar a otros. Muchos no son capaces de manifestar la vida eterna o la vida de resurrección de Jesús porque no han muerto a su propia vida. Para manifestar esa vida hay una condición y es morir a la vida del ego o vida almática.

Si el grano de trigo no cae en la tierra y muere, queda solo; pero si muere, lleva mucho fruto. (Juan 12:24)

Jesús está a punto de ir a la cruz y les da a los discípulos un principio de reino que los llevará a tener éxito y manifestar la vida de Dios. Ése principio es: Si usted toma una semilla y la siembra, morirá, pero al morir, reproducirá cien veces más su esencia. La planta que nacerá será igual a la semilla de la que procede, porque lleva su ADN. Hasta aquel momento Jesús no había podido reproducir Su vida en los discípulos; por eso va a la cruz, no sólo a morir por sus pecados y redimir al mundo. El sacrificio de Jesús también sirvió para poner a disposición un esperma, una semilla, que cuando fuera plantada en el vientre espiritual del creyente, reprodujera exactamente Su patrón genético. Debido a esa semilla es que podemos llegar a la medida de Su estatura.

El patrón de Dios es sembrar una semilla en su espíritu, para que crezca y llegue a ser como Jesús, que es lo que llamamos el nuevo nacimiento. Jesús dijo que moriría para depositar esa semilla. Del mismo modo, nosotros tenemos que morir como semilla para dar más fruto; para que la vida de resurrección de Jesús pueda manifestarse poderosamente y tocar a miles de personas que están sufriendo y en necesidad. Si usted quiere ministrar esa vida a otros, debe morir a su ego primero; esa muerte abre la puerta para que Jesús se manifieste.

---

*Los creyentes que manifiestan la vida del reino
son los que han experimentado la muerte de su ego.*

---

4. Manifestar la autoridad y el poder del reino

He aquí os doy potestad de hollar serpientes y escorpiones, y sobre toda fuerza del enemigo, y nada os dañará. (Lucas 10:19)

---

*La autoridad del reino es el derecho legal
para ejercer el poder de Dios.*

En capítulos anteriores estudiamos que el poder es la habilidad en bruto para llevar a cabo algo; estudiamos también que la autoridad es el derecho legal para ejercer ese poder. Para ilustrar esto, imaginemos a un policía de tránsito que le ordena a un conductor que se detenga. Si la persona está en sus cabales se detendrá porque respeta el uniforme, respeta el arma y la ciudad que la placa policial representa. Pero si al volante va un borracho, cuyos sentidos están embotados, cruzará la luz roja y el policía no lo podrá parar. En este caso, el policía tiene la autoridad pero no tiene el poder físico para detenerlo. Pero ¿qué tal si ese mismo oficial llama por radio y le envían como refuerzo dos tanques de guerra que se atraviesan en el camino? El borracho ni siquiera intentará sobrepasar los tanques, así que no tendrá salida. Ahora el policía tiene la autoridad y también el poder para detener a ese hombre. En el ámbito espiritual nuestra condición es muy semejante. Dios nos dio Su poder cuando nos llenó con Su Espíritu Santo, al reconocerlo como el Señor de nuestra vida, y nos dio toda Su autoridad al resucitar, luego de pagar en la cruz por nuestras transgresiones. En ese mismo instante nos hizo coherederos con Él. Es decir que al nacer de nuevo fuimos hechos hijos de Dios con autoridad y potestad, con derecho legal para actuar y ejercer poder divino, a fin de manifestar el reino y cumplir con la misión que Jesús nos encomendó.

5. Expandir el reino de Dios en la tierra

El reino de Dios lo podemos expandir de tres maneras:

Desde el principio, Dios creó al hombre para gobernar y ejercer dominio sobre la tierra. Por tanto, nosotros los creyentes somos los únicos instrumentos que Dios usa para hacer Su voluntad y expandir Su dominio sobre la tierra. Lo hacemos a través de la proclamación y demostración del reino de Dios.

• **Proclamando el reino de Dios sin demostraciones visibles**

> *Juan, a la verdad, ninguna señal hizo; pero todo lo que Juan dijo de éste, era verdad.* (Juan 10:41)

Juan el Bautista predicaba la verdad acerca de Jesucristo, pero no pudo manifestar ninguna señal del reino a través de milagros. Lo mismo ocurre hoy en día con muchos ministerios. Hay hombres y mujeres de Dios que predican la verdad y tienen la doctrina correcta, pero no pueden demostrar el poder sobrenatural de Dios con milagros y señales. Enseñar sobre el reino, proclamarlo y anunciarlo, sólo con palabras, es apenas una primera fase, porque la verdadera manifestación viene junto con Jesús.

* **Predicando el reino con demostraciones visibles del poder**

> *Pero si yo por el Espíritu de Dios echo fuera los demonios, ciertamente ha llegado a vosotros el reino de Dios.*   (Mateo 12:28)

Cuando Juan el Bautista termina su ministerio de anunciación, comienza un nuevo orden, el de Jesús. Él empezó a predicar, enseñar y demostrar el reino de Dios con milagros, señales, maravillas y echando fuera demonios; algo que jamás se había visto en la Escritura. Jesús fue el primer hombre con autoridad para expulsar demonios del cuerpo y la mente de las personas. A partir de Jesús, el reino comenzó a extenderse por medio de la demostración visible del poder de Dios.

La expulsión de demonios es una señal visible de que el reino de Dios ha llegado a un lugar.

El siguiente testimonio ilustra cómo la llegada del reino de Dios hace que los demonios huyan al oír el nombre de Jesús:

A nuestra iglesia llegó una joven que había sido diagnosticada con esquizofrenia bipolar y ADHD, un trastorno de la conducta relacionado con la dificultad para concentrarse y la hiperactividad. La esquizofrenia es un desorden mental que dificulta la capacidad para distinguir entre realidad y fantasía; esto le impedía razonar y tener un comportamiento normal.

Sufría de alucinaciones, conducta catatónica, pensamientos irreales, escuchaba voces, vivía enojada, ansiosa y paranoica. Los doctores le dijeron que nunca iba a tener una vida normal, que no podría tener hijos ni conducir ni dejar las pastillas. Todo comenzó cuando apenas tenía ocho años; entonces la muchacha oyó por primera vez una voz que se reía y se encerró en su cuarto por una semana, sin poder dormir. A los 12 años la internaron en un psiquiátrico donde la mantenían sedada hasta por veinte horas. Llegó a tomar quince pastillas por día, y trató de suicidarse varias veces. Veía demonios que la atormentaban diciéndole que iban a matar a su familia. Cuando salía del hospital, se escapaba al parque a drogarse y pasaba allí las noches. Odiaba al mundo y estaba enojada con todos a su alrededor. Un día un muchacho en la escuela la invitó a la iglesia y recibió al Señor. Al domingo siguiente, estando en el servicio, el Espíritu Santo me guió hasta su asiento y oré por ella, expulsando todos los espíritus que la atormentaban. Ese día fue totalmente libre. Volvió a su casa y botó las pastillas. Su madre se enojó e insultó a la gente de la iglesia, pero la muchacha le repetía que estaba curada. Cuando la llevó al médico, le dieron de alta porque estaba totalmente curada. Así la mamá y toda la familia vinieron a los pies de Jesús y hoy todos sirven a Jesús.

- **Avanzando el reino de Dios por la fuerza**

> *Desde los días de Juan el Bautista hasta ahora, el reino de los cielos sufre violencia, y los violentos lo arrebatan.*   (Mateo 11:12)

La traducción literal dice: "Desde los días de Juan el Bautista hasta ahora, el reino de Dios ha sido administrado por la fuerza y sólo aquellos en poder lo controlan". Ésta es la faceta violenta de la guerra; el conflicto entre el reino de Dios y el reino de las tinieblas se convierte en un choque violento de poderes. Ésta es la fase donde no solamente predicamos y enseñamos, sino que establecemos y extendemos el gobierno divino sobre nuevos territorios. Con cada paso, desplazamos, expulsamos y desterramos al enemigo de su territorio; entonces viene la violencia; es el choque de los dos reinos.

La iglesia colabora con Dios en la expansión del reino

Porque nosotros somos colaboradores de Dios.
(1 Corintios 3:9)

Al ver las responsabilidades y propósitos de la iglesia de Cristo, nos damos cuenta que no hemos respondido a lo que Él mandó a hacer a cada cristiano. Él nos llamó para ser socios, colaboradores y representantes de Él en la tierra, y decidió que no haría nada si no a través de nosotros, Su iglesia.

¿Qué canal usa Jesús para operar en la tierra?

Nuestro cuerpo físico es el instrumento de Cristo. Todo lo que Dios hará, hace e hizo en la tierra, es a través de Su cuerpo, la iglesia. Como cuerpo de Cristo, nosotros somos los que ponemos límite a lo que Él hace en la tierra. Dios no hace más de lo que Su cuerpo le pida o permita; no porque no pueda o no quiera, sino porque Él ha delegado al cuerpo Su evangelio, Su autoridad, Su poder. Es más, el reino de Dios está en nosotros y lo que nos ha confiado nos hace valiosos. ¿Cuál es el requisito que cada uno de nosotros debe cumplir para operar como cuerpo? La interdependencia. Cada miembro necesita del otro aunque ninguno es indispensable. El propósito del cuerpo —la iglesia de Cristo—, es que Jesús se relacione con este ámbito de espacio, tiempo y materia. Él depende de nosotros para obrar en esta dimensión. Cuando Jesús vino a la tierra, necesitó un cuerpo con el fin de llevar a cabo la voluntad de Su Padre. Ésa es la misma razón por la que hoy sigue necesitando un cuerpo. Después que Él se fue, el cuerpo es el instrumento de Dios para continuar Su ministerio y Su voluntad en este mundo. Jesús abrió un camino nuevo, sin velo, para entrar a Su presencia y conocerlo personalmente. Él resucitó de entre los muertos y envió al Espíritu Santo para que Su ministerio pudiera continuar a través de nosotros. Él no creó una religión, ya que ésta se basa en ritos; todo lo contrario de la vida de milagros, la cual es una demostración constante de la intervención divina de Jesús, quien vive en nosotros. Nuestra misión es compartir Su vida y Su amor; ese amor que nos induce a compartir lo mejor con la gente. Dios es amor y nos ama; si nosotros lo amamos también amaremos a la gente. ¿Cómo? Sirviéndola, orando por ella, ministrándole el amor de Dios, y sirviendo de canales para que Él obre los milagros a través de Su iglesia.

Somos extensión de Cristo, y por medio de nuestro cuerpo Él alcanza el mundo.

¿Qué relación guarda la Cabeza con los miembros del cuerpo de Cristo?

Ni el ojo puede decir a la mano: No te necesito, ni tampoco la cabeza a los pies: No tengo necesidad de vosotros. (1 Corintios 12:21)

Cristo es la Cabeza y no puede decirle a la mano o a los pies: "No te necesito". Lo que la Cabeza requiere de los pies es que siempre estén disponibles para llevar a cabo sus decisiones.

No importa qué tan talentoso sea como cristiano, si no estoy disponible para la Cabeza —Jesús—, no soy útil para el reino. Cristo usará Su cuerpo para destruir todas las obras de Satanás, las enfermedades, opresiones y lugares de cautiverio. En una oportunidad, iba saliendo del servicio muy agotado, quería irme directo a casa, pero una jovencita de unos veinte años se me acercó pidiendo oración porque era sorda de nacimiento. Realmente estaba agotado, pero sentí la demanda de

Dios y Su compasión que me pedía que le prestara mi humanidad. Ni siquiera le impuse las manos; mientras le hablaba, el poder de Dios cayó y fue sana al instante. De esto puedo concluir que, no importa cuán cansados estemos, ¡es maravilloso prestarle nuestro cuerpo al Espíritu Santo para que lo use y pueda bendecir a otros!

¿Cuáles son las razones divinas por las que Dios nos dio cuerpo?

El principal propósito fue habitar en el hombre y poner en él Su gloria. Dios no vive permanentemente en templos hechos a mano; el templo que Él ha diseñado es el cuerpo del hombre. Dios, el todopoderoso, siempre ha querido y quiere vivir en el ser humano, y poner Su gloria en su interior.

He aquí el tabernáculo de Dios con los hombres, y él morará con ellos; y ellos serán su pueblo, y Dios mismo estará con ellos como su Dios. (Apocalipsis 21:3)

Dios no habitará permanentemente en un templo hecho por manos de hombre, sólo lo hará en un templo hecho por Él.

¿Qué clase de morada quiere Dios?

Vosotros también, como piedras vivas, sed edificados como casa espiritual y sacerdocio santo.
(1 Pedro 2:5)

El templo de Salomón tomó muchos años construirlo y millones de dólares fueron invertidos en su precioso diseño; sin duda fue una obra maravillosa. Sin embargo, duró muy poco; fue destruido por el pecado de Israel. Entonces Dios dijo: "Yo no voy a invertir en un templo de piedra, sino que invertiré en uno de barro". Ese templo somos nosotros; somos el material más valioso para Dios, y la razón por la cual usted es valioso es porque fue comprado a precio de sangre por Jesús.

Yo en ellos, y tú en mí, para que sean perfectos en unidad, para que el mundo conozca que tú me enviaste, y que los has amado a ellos como también a mí me has amado. (Juan 17:23)

En esto consiste el amor: no en que nosotros hayamos amado a Dios, sino en que él nos amó a nosotros, y envió a su Hijo en propiciación por nuestros pecados. (1 Juan 4:10)

Así que ya no le pertenecemos al diablo sino a Dios. ¿Por qué Dios quiere una habitación? Porque le da derecho legal para actuar en la tierra y hacer obras sobrenaturales. Por eso tenemos que glorificarlo en nuestro cuerpo. ¡Préstele su cuerpo!

¿Como ministra Cristo al mundo hoy en día?

Cristo en vosotros, la esperanza de gloria. (Colosenses 1:27)

Cristo, tal como lo hacía dos mil años atrás, continúa ministrando. En estos tiempos lo hace usando nuestro cuerpo. Somos sus colaboradores, sus socios, sus amigos, sus embajadores, sus intérpretes, sus testigos y sus comunicadores; los que llevamos Su mensaje de amor, Su poder, Su gloria y Su autoridad. En esta era, muchos creyentes han abandonado la responsabilidad de evangelizar, discipular y cumplir el propósito de la iglesia de expandir el reino de Dios a las comunidades. Muchos están dispuestos a pagar para que otros lo hagan, porque ellos no lo quieren hacer. La revelación de este misterio es que: Jesús vive en mí y quiere ministrar a través de mí. Él necesita que usted le preste su cuerpo para alcanzar a su familia y amigos.

Jesús nos redimió para poder vivir en nosotros y expresarse en los creyentes.

El poder de Dios para sanar y liberar nos ha sido dado a todos los creyentes, como podemos ver en el siguiente testimonio:

Un domingo durante un servicio regular en nuestra iglesia, yo declaré que ninguna persona que hubiera llegado enferma o con algún problema podía regresar a casa igual. Una líder de Casa de Paz de nuestra iglesia, que apenas tiene algunos meses de convertida, pero que ha sido entrenada para caminar en lo sobrenatural, tomó esa Palabra y al terminar el servicio encontró a un hombre que había llegado de República Dominicana y tenía su cabeza completamente calva. Ella muy amablemente se le acercó y le preguntó si le permitía orar por él, a lo que el hombre accedió. Puso sus manos sobre la cabeza del varón y oró; entonces muchos fueron testigos en medio del pasillo, cómo Dios le hizo crecer el pelo. Es sorprendente como Dios está usando a los jóvenes de nuestra iglesia para moverse en medio del pueblo, y mostrar Su poder sobrenatural.

Yo no sano, Jesús es quien sana. Éste es el misterio: que Jesucristo vino, murió, resucitó, recibió todo poder y autoridad, y luego nos lo delegó. ¿Por qué Dios no mandó ángeles a hacer este trabajo? Porque los ángeles no fueron redimidos. Nosotros somos los únicos por quienes Él murió. ¡Si no tomamos nuestra responsabilidad las almas se perderán!

Predicar el evangelio está limitado a la voluntad de los seres humanos para hacer lo que Dios mandó.

Jesús no puede visitar a los enfermos a menos que use el cuerpo suyo, no puede visitar al preso, porque tiene que hacerlo a través de usted. Él va a ir con usted y en usted. No puede hacerlo de otra manera. No obstante, usamos la oración como excusa para no ir. Y no me malentienda, Jesús oraba, porque la oración es sumamente importante, pero también iba mientras estaba en un cuerpo humano.

> *Dios ungió con el Espíritu Santo y con poder a Jesús de Nazaret, y cómo éste anduvo haciendo bienes y sanando a todos los oprimidos por el diablo, porque Dios estaba con él.* (Hechos 10:38)

Jesús iba testificando, declarando, predicando, sanando echando fuera demonios, demostrando compasión y manifestando a Dios en acción. ¿Queremos que Dios haga también nuestra parte? Ciertamente no lo hará. Nosotros tenemos que hacer lo posible y entonces, Él hará lo imposible. Hay dos tipos de oraciones que Dios nunca contestará: cuando le pedimos que haga lo que Él ya hizo, y cuando le pedimos que haga lo que nos corresponde a nosotros hacer como iglesia. ¿Cómo lo hará Jesús? Él usará nuestras vidas. Él siempre pone *"el querer como el hacer"*.

> *Porque Dios es el que en vosotros produce así el querer como el hacer, por su buena voluntad.*
> (Filipenses 2:13)

Jesús visita al necesitado, sana al quebrantado de corazón, al deprimido...y todo lo hace a través de nosotros. Él anima al desanimado a través de nosotros. Usted y yo somos Su cuerpo. Si todo lo que hacemos es orar y nunca visitamos al perdido, al enfermo, al que necesita un milagro, si nunca testificamos, no estamos siendo Su cuerpo. Tenemos que orar pero también obrar.

La gente nunca verá a Jesús excepto través de usted y yo.

Dios nos ha confiado Su evangelio

El glorioso evangelio del Dios bendito...a mí me ha sido encomendado. (1 Timoteo 1:11)

Dios ordenó que este evangelio fuera encomendado a gente común y corriente como usted y como yo. Es un gran privilegio predicarlo. Jesús se sentó en Su trono porque ya Él hizo Su parte. Entonces les encargó el evangelio del reino a personas como usted y como yo. Esto es el cristianismo bíblico.

Cristo en nosotros es quien da propósito a nuestra vida.

¿Qué tenemos que hacer?

Ahora que Dios nos ha restaurado, nos ha revelado Su poder sobrenatural, nos ha escogido y ungido para actuar, para ir en Su nombre, para ser Sus representantes, tenemos que ir. Ya que entendemos que cada creyente tiene la habilidad, el poder y la autoridad dados por Dios para moverse en milagros y maravillas, ya que entendemos que el poder sobrenatural viene de la cruz, que la unción está disponible para nosotros, que entendemos la gloria, los milagros, las maravillas y conocemos los secretos para oír la voz de Dios, para fluir en lo sobrenatural y manifestar el poder de Dios. ¡Tenemos que tomar una decisión! Jesús servía a la gente, hablaba con el necesitado y le ministraba. Él no ha cambiado, pero ahora opera a través de nosotros; claro está, si se lo permitimos. ¿Cómo sucede esto? Todo Su poder se desatará si cumplimos las siguientes condiciones básicas:

- **Compromiso total**

Se trata de una entrega sin reservas, de presentar nuestro cuerpo en sacrificio vivo para que nuestras manos sean Sus manos, nuestros pies sean Sus pies, nuestra boca sea Su boca, para sanar al enfermo, liberar al cautivo, salvar al perdido, obrar milagros y maravillas, además de manifestar Su gloria en la tierra.

- **Obediencia a Su voluntad**

Nosotros debemos tomar la decisión de obedecer Su Palabra y cumplir Su mandato en la tierra. No tenemos que esperar más confirmaciones; la cosecha está lista. La gente está sola, enferma, sin Dios, sin esperanza y sin salvación, clamando por ayuda. Sólo nos resta salir a recoger la cosecha.

- **Disponibilidad**

Esto significa que debemos estar listos para el momento que el Señor quiera usarnos y manifestar Su gloria a través de nosotros. Los miembros del cuerpo tienen que estar siempre disponibles para la cabeza; no importa cuán fuerte sea un brazo, no es de ninguna utilidad si no está disponible para hacer lo que quiere la cabeza.

La única habilidad que Dios busca en un hombre o una mujer es la disponibilidad.

El mundo moderno está herido, adolorido; sólo espera un toque especial, algo que lo rescate del vacío de su vida. Recuerde que Cristo va a continuar su ministerio de sanidad a través suyo. Usted crecerá por medio de compartir a Cristo con la gente. Mientras deja que Él ministre usándolo como canal, usted es Su cuerpo, Su templo. Ser usado por Dios para bendecir a la gente trae un gran gozo a nuestro corazón; éste es el centro del cristianismo: *"Cristo en vosotros, la esperanza de gloria"* (Colosenses 1:27) para ganar almas, para proclamar el evangelio, para hacer milagros y sanidades. El mayor llamado de los creyentes es guiar a la gente a Jesús a través de las señales.

Heme aquí, envíame a mí.   (Isaías 6:8)

Fuimos escogidos y ungidos para la acción

No podemos aprender a movernos en la unción de Dios si no actuamos bajo ese conocimiento. Cuando lo recibimos y lo compartimos, lo tenemos y lo damos, lo oímos y lo comunicamos, entonces es porque lo hemos aprendido y es nuestro. Si no es así, es como un hoyo muerto, es como una laguna de agua estancada, o una semilla seca. Entre los capítulos 5 y 7 del evangelio según Mateo, Jesús enseña el Sermón del Monte, pero una vez que llega al 8, comienza a hacer milagros y demostrar lo que antes había enseñado. Usted se sorprendería de lo que pasaría si impusiera sus manos sobre los enfermos, declarando la Palabra, esa Palabra que está viva en usted como estaba en cualquier hombre de la Biblia. Las personas serían sanas, libres y restauradas. Somos como Cristo —término que significa "el ungido", de donde se deriva la palabra cristiano que a su vez significa, "pequeños ungidos"—.

Dios pregunta: "¿Quién irá por nosotros?". ¿Puede usted contestar: "Señor, heme aquí, envíame a mí" (ver Isaías 6:8)? "¡Yo te presto mi humanidad voluntariamente para hablarle al perdido, animar al cansado, sanar al enfermo, liberar al afligido y al enlutado!". "¡Señor, yo te serviré, envíame a mí!".

Si entiende que este desafío viene de Dios para su vida, repita esta oración en voz alta:

"Soy un creyente, soy un cristiano, Jesús es mi Señor y creo que ha resucitado de los muertos. Él me garantiza Sus promesas, y yo voy a experimentar Su poder sobrenatural porque Cristo ha resucitado en mí. El Espíritu Santo me ungió con poder de lo alto para creer que todas las cosas son posibles. Jesús es mayor que cualquier problema y desafío delante de mí. Él está vivo en mí, y el poder que lo levantó de entre los muertos está obrando en mí. Satanás lo sabe y no puede hacer nada al respecto. Jesús, Tú humillaste públicamente al enemigo y destruiste sus obras; ahora estás vivo en mí y me das la gracia para experimentar Tu poder, y sanar a los enfermos, libertar a los cautivos, hacer milagros y maravillas en Tu nombre y predicar Tu evangelio en toda la tierra. Úsame Señor para continuar Tu ministerio en la tierra mientras vivo la vida y voy al supermercado, la escuela, el negocio, a visitar a mis parientes. Amén".

Al cierre de este libro, recibo el testimonio de un poderoso milagro ocurrido en México. Esto sucedió hace algún tiempo, mientras ministraba en una cruzada en Villahermosa. En aquel entonces, un policía que llevaba un año postrado en cama, completamente inválido, fue llevado en camilla a la cruzada. Había recibido un balazo en la espalda y como consecuencia le habían extraído dos discos de la columna, causándole parálisis y un pronóstico de apenas quince días de vida. En un momento de la oración, pedí a todos los enfermos que repitieran conmigo lo siguiente: "¡Hoy es la noche de mi milagro!". En ese mismo instante, el hombre se apoderó de la palabra y la repetía fuertemente. De repente sintió que el lado derecho de su cuerpo comenzó a sacudirse; temblaba tanto que pensó que se moría. Luego ordené a los paralíticos que se levantaran y comenzaran a caminar. El hombre, desesperado, comenzó a buscar con la mirada quien le ayudara a levantarse. Entonces vio a su hija cerca y la llamó, pero la niña tenía miedo. Sin importarle, él se apoyó en ella y como pudo se levantó y comenzó a caminar.... Ahora, completamente recuperado, ha vuelto a su trabajo de policía y su testimonio ha llevado a más de sesenta personas a los pies de Cristo, incluyendo al jefe de policía de su ciudad.

Si usted acaba de leer este libro y nunca le ha entregado su vida a Jesús, éste es el momento para que conozca a un Dios real, vivo y resucitado. Dice la Palabra de Dios que todos los hombres somos pecadores y hemos sido destituidos de la gloria de Dios (ver Romanos 3:23), que la paga del pecado es muerte, mas la dádiva de Dios es vida eterna (ver Romanos 6:23), y esa vida está en Cristo Jesús que vino a morir por nosotros y a derramar Su sangre. Si usted cree en su corazón que esto es así, repita esta oración mientras lee esta última página:

"Padre celestial, reconozco que soy pecador y me arrepiento de todos mis pecados. Confieso con mi boca que Jesús es el hijo de Dios y que el Padre lo levantó de entre los muertos. Hoy soy salvo, sano y libre. Soy hijo de Dios, hecho a Su imagen y semejanza para manifestar Su persona y Su poder sobre la tierra. ¡Amén!".

Acerca del autor

El Apóstol Guillermo Maldonado es un hombre llamado a establecer el reino de Dios a nivel local e internacional. Es el fundador del Ministerio Internacional El Rey Jesús, la iglesia hispana de más rápido crecimiento en los Estados Unidos y reconocida por sus poderosas manifestaciones del Espíritu Santo. Obtuvo una Maestría en Teología Práctica de la Universidad Oral Roberts y un Doctorado en Divinidades del Wagner Leadership Institute. El Apóstol Maldonado trabaja fuertemente para cumplir la visión que Dios le ha dado: Evangelizar, afirmar, discipular y enviar; todo esto, con el fin de formar verdaderos padres espirituales, capaces de dejar un legado de bendición a las próximas generaciones.

La misión que el Señor ha encomendado a este apóstol abarca los Estados Unidos, Europa, el Caribe, Centro y Sur América; dando cobertura a muchos líderes y apóstoles de iglesias locales e internacionales a través de la Red Apostólica Vino Nuevo.

Actualmente, el Apóstol Maldonado reside en Miami, Florida, junto a su esposa y compañera de ministerio, Ana, y sus hijos Bryan y Ronald.